Sven-David Müller
unter Mitarbeit von Birgit Junghans
und Klaudia Hörist

Genussvoll essen nach dem Herzinfarkt

Empfohlen vom Verband zur Förderung der gesunden Ernährung und Diätetik (VFED) e.V., Aachen

midena

Inhalt

Abkürzungen im Rezeptteil

EL = Esslöffel
TL = Teelöffel
Pck. = Päckchen
kg = Kilogramm
g = Gramm
mg = Milligramm
F.i.Tr. = Fettgehalt in der Trockenmasse
mF = mehrfach ungesättigte Fettsäuren
eF = einfach ungesättigte Fettsäuren
gF = gesättigte Fettsäuren

Vorwort

Fünfzig Prozent der Menschen in Deutschland sterben an Herz-Kreislauf-Erkrankungen, insbesondere an den Folgen des Herzinfarkts und der koronaren Herzerkrankung. Herz-Gefäß-Krankheiten gehören zu denjenigen Erkrankungen, die im Zeitalter des Wohlstandes, in dem Über- und Fehlernährung sowie Bewegungsmangel weit verbreitet sind, immer häufiger werden. Eine gezielte Ernährungstherapie kann Herzinfarkt vorbeugen. Sie ist reich an Kohlenhydraten, Ballaststoffen, Vitaminen, Mineralstoffen, sekundären Pflanzenstoffen wie Phytosterinen, aber arm an gesättigten Fettsäuren und Cholesterin.

Mit ihren Tipps für Herz- und Gefäßkranke präsentieren die Autoren ein gelungenes Konzept, wie eine moderne Ernährungsphilosophie in die Praxis umgesetzt werden kann und und so Ernährungs- und Pharmakotherapie sich sinnvoll ergänzen. Die Autoren legen ein übersichtliches, für den Laien verständliches und hilfreiches Buch vor, das den derzeitigen ernährungsphysiologischen Status beschreibt.

Den zur Prophylaxe und Therapie im Zusammenhang mit einer Pharmakotherapie geeigneten Rezepten sind wichtige Diätempfehlungen vorangestellt. Kreative Koch- und Backrezepte erleichtern dem Herzinfarktpatienten und seinen Angehörigen, ihr Ernährungsverhalten zu korrigieren und damit einem weiteren Infarkt vorzubeugen. Das Buch »Genussvoll essen nach dem Herzinfarkt« kann die individuelle Diät- und Ernährungsberatung durch Diätassistenten oder Diplom Oecotrophologen zwar nicht ersetzen, es stellt aber eine wichtige und gute Ergänzung dar. Ich wünsche dem Buch eine weite Verbreitung und den Lesern einen »guten Appetit!«.

Prof. Dr. med. Hubertus Wietholtz
Direktor der Medizinischen Klinik II (Gastroenterologie und Stoffwechselkrankheiten) am Klinikum Darmstadt

Liebe Leserinnen, liebe Leser!

Wie in allen Industriestaaten sind die Herz-Kreislauf-Erkrankungen auch in Deutschland Volkskrankheit und Todesursache Nummer eins. Nach aktuellen Hochrechnungen ist jährlich mit rund 147 000 Herzinfarkten bei Männern und 131 000 Infarkten bei Frauen in Deutschland zu rechnen. Die wichtigsten Risikofaktoren, die auch zum Teil einander beeinflussen, sind bekannt: Übergewicht, falsche Ernährungsgewohnheiten, regelmäßiger Alkoholkonsum, mangelnde Bewegung, Rauchen, unzureichend behandelter Bluthochdruck, erhöhte Blutfettwerte und Diabetes mellitus. Schlaganfall, Herzinfarkt und andere Gefäßverschlüsse lassen sich bis zu 70 Prozent verhindern. Je höher der Blutdruck ist, desto größer ist die Gefahr, einen Herzinfarkt zu erleiden.

Dieses Buch zeigt Ihnen, wie Herz-Gefäß-Krankheiten entstehen und wie Sie mit einer geeigneten Ernährungstherapie vorbeugen können. Das Buch enthält auch wichtige Informationen zu den neuesten Erkenntnissen aus dem Bereich der Ernährungsmedizin, den sekundären Pflanzenstoffen (Phytosterinen), die den Cholesterinspiegel wirksam senken. Es zeigt Ihnen, wie Sie durch bestimmte Ballaststoffe das gefäßschädigende LDL-Cholesterin senken können.

Lecker essen und trotzdem Gutes für Herz und Gefäße tun sowie dem (erneuten) Herzinfarkt vorbeugen – unter diesem Motto steht mein Kochbuch. Es beweist Ihnen, dass gesunde Ernährung köstlich schmecken kann. Meine kreativen und abwechslungsreichen Rezepte entstanden mit der wertvollen Unterstützung von Birgit Bahnsen und Klaudia Hörist. Sie schmecken der ganzen Familie, tun allen gut und sind kombiniert mit hilfreichen Informationen über Gefäße, das Herz und den Herzinfarkt. Natürlich finden Sie auch Informationen über erhöhte Blutfettwerte und Bluthochdruck. Das Buch bietet Ihnen viele Anregungen und verführt zum Nachkochen und Nachbacken. Viel Spaß dabei und »Guten Appetit!« wünscht Ihnen

Ihr Sven-David Müller

Ich danke Herrn Martin Gorny, Diätassistent und Diabetesberater DDG der Medizinischen Klinik II des Klinikums Darmstadt, der in bewährter Weise die Erstellung meines Ratgeberkochbuches unterstützte.

Grundlagen

Ein Herzinfarkt und arterielle Verschlusskrankheiten sind kein schicksalhaftes Ereignis, sondern lassen sich durch gezielte Vorsorgemaßnahmen verhindern. Am wirkungsvollsten ist es, seinen Lebensstil schon in jüngeren Jahren so zu verändern, dass es im fortgeschrittenen Alter nicht zur Entstehung von Gefäßverengungen kommen kann. Und wenn Sie schon einen Herzinfarkt hatten, sollten Sie noch viel entschiedener auf eine gesunde Lebensweise achten, das heißt: Ernähren Sie sich ausgewogen und fettarm und sorgen Sie gleichzeitig für möglichst viel Bewegung!

Wie Herz und Gefäße funktionieren

In Deutschland sterben jährlich 80 000 Menschen an einem akuten Herzinfarkt. Nach wie vor steht diese Erkrankung mit an der Spitze der Todesursachen. Angina pectoris, Herzinfarkt und plötzlicher Herztod sind eine Folge von Arteriosklerose an den Herzkranzgefäßen – eine Krankheit, die in der Regel verschiedene Ursachen hat: Neben der individuellen Veranlagung können Übergewicht, Rauchen, übermäßiger Alkoholkonsum, Bewegungsmangel, eine Fettstoffwechselstörung, Diabetes mellitus und vor allem auch Bluthochdruck Risikofaktoren für den Herzinfarkt sein. Doch um zu verstehen, wie es zum Herzinfarkt kommen kann, ist es zunächst wichtig zu wissen, wie Herz und Gefäße funktionieren.

Das Herz – der Motor des Lebens

Das Herz liegt zwischen den beiden Lungenflügeln. Es hat etwa die Größe einer Faust und wiegt bei Männern durchschnittlich 300 Gramm, bei Frauen 220 Gramm. Nach hinten grenzt es an die Speiseröhre an. Die Unterseite des Herzens ruht auf dem Zwerchfell.
Das Herz ist ein muskuläres Hohlorgan, also ein Muskel, der einen Hohlraum hat. Durch diesen Hohlraum wird das Blut vom Muskel Herz in die Arterien gepumpt. Der Herzmuskel hat vier Räume: Zwei Vorhöfe (jeweils rechts und links) sowie zwei Kammern (rechts und links). Die Herzklappen regeln die Flussrichtung des Blutes. Die Muskulatur der Herzwand wird von den so genannten Herzkranzgefäßen, den Koronararterien, mit sauerstoffreichem Blut versorgt. Sauerstoffreiches Blut fließt über die Lungenvenen zum linken Vorhof des Herzens.
Das Herz ist fast symmetrisch aufgebaut. Es wird durch eine Scheidewand in eine rechte und eine linke Herzhälfte unterteilt. Das Blut gelangt zunächst zur rechten Herzhälfte. Von hier strömt es über ein wegführendes Gefäß (Lungenarterie) zur Sauerstoffaufnahme in die Lunge. Das sauerstoffreiche Blut aus der Lunge fließt in den Lun-

genvenen zur linken Herzhälfte, verlässt es von hier über die Körperarterien und strömt dann in alle Organe des Körpers. Es mündet in ein Netz dünnwandiger Gefäße (Kapillaren), durch die jeder Zelle des menschlichen Körpers Nährstoffe und Sauerstoff für den Stoffwechsel zur Verfügung gestellt wird.
Damit das Herz Blut in den Körper pumpen kann, zieht sich die Herzmuskulatur im rhythmischen Wechsel zusammen und erschlafft. Dazu müssen die Tätigkeiten der verschiedenen Herzteile aufeinander abgestimmt sein. Das geschieht durch elektrische Impulse, die im so genannten Sinusknoten, dem »natürlichen Herzschrittmacher«, im rechten Herzvorhof entstehen und über ein Erregungsleitungssystem von den Nerven auf die Muskulatur verteilt werden.

Extra-Info

Künstliche Herzschrittmacher dienen vor allem zur Einstellung einer normalen Herzfrequenz. Dazu werden Reizelektroden in das rechte Herz gelegt.

Wie kann Ihr Arzt die Herztätigkeit überprüfen?

- Die elektrischen Vorgänge im Herzmuskel sind im Elektrokardiogramm (EKG) für den Kardiologen, den Facharzt für Herz-Gefäß-Krankheiten, zu erkennen. Das EKG zeichnet die elektrischen Veränderungen auf, die durch die Erregungsausbreitung, nicht durch die Kontraktion der Herzmuskeln selbst, entstehen. Es gibt unter anderem Auskunft über die Lokalisation von Herzinfarkten.
- Herztöne (Schallwellen, die bei der Kontraktion und Erschlaffung des Herzens entstehen) und Herzgeräusche hört der Arzt mit dem Stethoskop ab. Herzgeräusche geben Hinweise auf Erkrankungen des Herzens und der Herzklappen.
- Er misst das Herzminutenvolumen – den Puls: Füllung und Kontraktion des Herzens wiederholen sich beim Erwachsenen rund 70 Mal in der Minute. Mit jedem Herzschlag pumpt das Herz 70 ml Blut in die Aorta. Das Herzminutenvolumen pro Minute beträgt also knapp fünf Liter, das entspricht etwa der gesamten Blutmenge des Menschen. Das zirkulierende Blutvolumen beträgt beim Erwachsenen durchschnittlich sieben Prozent seines Körpergewichts. Eine Zunahme des Herzminutenvolumens erhöht den Zufluss zum arteriellen System und damit den Blutdruck.

Das Transportsystem: die Blutgefäße

Das Blut erreicht über das Kreislaufsystem alle Organe und versorgt sie mit lebenswichtigen Stoffen. Ohne den Transport von Sauerstoff und Blutzucker sowie Eiweißen, Fetten, Vitaminen, Mineralien, Flüssigkeit, Stoffwechsel-Endprodukten und Schadstoffen könnte der menschliche Organismus nicht existieren. Dieser Transport findet über das Blutgefäßsystem und die Lymphgefäße statt. Das Blutgefäßsystem ist sozusagen die »Benzinleitung« des menschlichen Motors für Milliarden von Körperzellen, die ver- und entsorgt werden müssen. Die Strömung des Blutes hält den Kreislauf aufrecht. Durch die Pumpfunktion des Herzens gelangt das Blut über die Arterien zu den Organen. Von hier fließt es über Venen zum Herzen zurück. Der Gasaustausch findet in den Lungenbläschen statt. Hier wird Kohlendioxid über die Luft beim Ausatmen aus dem Blut ausgeschieden und Sauerstoff durch die Luft beim Einatmen in das Blut aufgenommen.

Merke

Herz und Gefäße sorgen für den Kreislauf des Blutes. So werden Sauerstoff, Nahrungsinhalts- und Wirkstoffe im Körper verteilt.

Der Wandbau der Blutgefäße

Wie die Herzwand bestehen auch die Blutgefäßwände (der Arterien, aber auch der Venen) mit Ausnahme der kleinsten Blutgefäße (Kapillaren) aus drei Schichten: Der inneren Schicht (Intima), bestehend aus so genannten Endothelzellen mit anliegenden Bindegewebsfasern, der mittleren Schicht (Media) und der äußeren Schicht (Adventitia). Die häufigste Veränderung der inneren Schicht der Arterien ist die Arteriosklerose. Sie ist gekennzeichnet durch unnatürliche Cholesterin-, Fett- und Mineralieneinlagerungen. Dies führt zu einem Elastizitätsverlust und Einengungen, im Extremfall bis zum völligen Gefäßverschluss (siehe Seite 15 ff.).

Risikofaktoren für Herz und Gefäße

Einer der schwerwiegendsten Risikofaktoren für Herz und Gefäße ist das Rauchen. Schon nach zwei Jahren ohne Zigarette können ehemalige Raucher sich freuen: Das Risiko für einen Herzinfarkt nähert sich bereits dem eines Nichtrauchers. Es lohnt sich also immer, mit dem Rauchen aufzuhören!

Millionen Menschen leiden an erhöhtem Blutdruck. Dennoch wird diesem wichtigen Risikofaktor noch immer nicht die notwendige Aufmerksamkeit beigemessen.

Auch ein erhöhter Blutfettspiegel kann krankhafte Veränderungen der Blutgefäße auslösen. Die meisten Fettstoffwechselstörungen treten im Zusammenhang mit Übergewicht, Bewegungsmangel und einem erhöhten Alkoholkonsum auf.

Besonders Diabetiker sind von Erkrankungen der Blutgefäße betroffen. Sie sollten in verstärktem Maße Vorsorge treffen. Die konsequente Behandlung und Normalisierung der Blutzuckerwerte hilft einem Herzinfarkt vorzubeugen.

Ähnliches gilt für Menschen mit Herzrhythmusstörungen. Eine spezielle Form von Herzrhythmusstörungen, das sogenannte Vorhofflimmern, kann zu einer koronaren Herzerkrankung (KHK = krankhafte Veränderung der Koronararterien) bzw. einem Herzinfarkt führen. Herzrhythmusstörungen wie auch Diabetes können medikamentös gut behandelt werden. Wer einen gesunden Lebensstil pflegt und dabei vor allem auf seine Gefäße achtet, kann mit großer Wahrscheinlichkeit ein hohes Alter bei guter Gesundheit erreichen!

Menschen, bei denen einer oder mehrere dieser Faktoren zutreffen, sollten unbedingt Vorsorgemaßnahmen treffen und die Anzahl ihrer Risikofaktoren schrittweise verringern.

Risikofaktoren für Herzinfarkt und Gefäßverschlüsse

- Bluthochdruck
- Fettstoffwechselstörungen
- Diabetes (Zuckerkrankheit)
- Vorhofflimmern
- Rauchen
- Alkohol
- Fehlernährung und Übergewicht
- Bewegungsmangel
- familiäres Risiko
- Alter
- Stress

Herzinfarkt und was dazu führen kann

Erhöhter Blutdruck kommt in unserer Wohlstandsgesellschaft sehr häufig vor. Mehr als zehn Millionen Menschen in Deutschland sind davon betroffen. Die meisten von ihnen wissen aber nichts von ihrer Krankheit, da sie zunächst keinerlei Beschwerden verursacht. Der Arzt stellt den erhöhten Blutdruck oft nur zufällig, bei einer Routineuntersuchung, fest. Die Hypertonie ist eine der Hauptursachen für schwere, oftmals tödlich verlaufende Herz-Kreislauf-Erkrankungen. Über die Hälfte der Menschen mit Bluthochdruck entwickeln eine Arteriosklerose. Wenn zudem noch weitere Risikofaktoren wie beispielsweise Rauchen, Diabetes oder erhöhte Blutfettwerte hinzukommen, steigt die Gefahr, einen Herzinfarkt zu erleiden. Lassen Sie es nicht so weit kommen!

Risikofaktor Bluthochdruck (Hypertonie)

Der größte Feind der Blutgefäße ist ein hoher Blutdruck. Bei einem gesunden Menschen pumpt das Herz über die Gefäße den Blutstrom in die Organe des Körpers und stellt dabei durch ständigen Ausgleich einen optimalen Versorgungsdruck her. Werden die Blutgefäße durch Ablagerungen verengt oder starr, können die verschiedenen Regionen des Körpers nicht mehr optimal versorgt werden. Das Herz versucht nun, die Engpässe durch eine stärkere Pumparbeit auszugleichen. Dadurch steigt die Blutdruckbelastung an.

In den Arterien, durch die das Blut zu den Organen fließt, herrscht ein höherer Druck (= Blutdruck) als in den Venen, durch die das Blut die Organe verlässt.

Menschen mit hohem Blutdruck haben häufig eine rötliche Gesichtsfarbe und schwitzen leicht. Ein erhöhter Blutdruck verursacht zunächst keine oder kaum wahrnehmbare Beschwerden. Daher wird er oft erst erkannt, wenn bereits die Gefäße geschädigt sind und sich Anzeichen für eine Herz-Kreislauf-Erkrankung bemerkbar machen: Atemnot, Schwindel, Ohrensausen, Brustenge oder Kopfschmerzen.

Permanenter Bluthochdruck lässt die Gefäße vorzeitig altern, macht sie starr und brüchig – ein Herzinfarkt ist häufig die lebensbedrohliche Folge. Darum gilt: Ein erhöhter Blutdruck ist in jedem Fall behandlungsbedürftig!

Wie wird der Blutdruck gemessen?

Hoher Blutdruck ist einfach und völlig schmerzlos durch eine Blutdruckmessung, in der Regel mit einer Armmanschette, feststellbar. Wenn der Herzmuskel sich zusammenzieht und Blut ausstößt (diesen Vorgang nennt man Systole), ist der Druck besonders hoch. Daher nennt man diesen oberen Wert (1. Wert) den systolischen Blutdruck. Zwischen zwei Herzschlägen, wenn das Herz erschlafft und sich wieder mit neuem Blut füllt (bei der sogenannten Diastole), ist der Blutdruck niedriger. Dieser untere Wert (2. Wert) heißt diastolischer Blutdruck. Beide Werte werden bei der Blutdruckmessung festgestellt. Oftmals steht hinter den Blutdruckwerten mmHg. Das doppelte m steht dabei für Millimeter. Die ersten Blutdruckmessgeräte hatten eine Quecksilbersäule (Hg = Quecksilber), die die Druckentwicklung in Millimetern ablesbar macht.

Wie hoch sollte der Blutdruck sein?

Als Normalbereich beim Erwachsenen gilt ein Maximum von 100 bis 130 mmHg, als Minimum ein Wert von 60 bis 80 mmHg. Die Blutdruckdifferenz zwischen Systole und Diastole beträgt ungefähr 50 mmHg. Diese Werte gelten für den Ruhezustand. Sie können bei körperlicher oder psychischer Belastung erheblich schwanken. Daher sollte die Diagnose Hypertonie prinzipiell nur nach einer 24-Stunden-Blutdruckmessung geschehen. Dabei erhält der Patient ein Messgerät und eine Manschette, das die Blutdruckergebnisse über 24 Stunden misst und speichert.

Blutdruck-Bewertung:

Normal	unter 130	zu	85 mmHg
Milde Hypertonie	140 bis 159	zu	90 bis 99 mmHg
Mittlere Hypertonie	160 bis 179	zu	100 bis 109 mmHg
Schwere Hypertonie	180 bis 209	zu	110 bis 119 mmHg
Schwerste Hypertonie	über 210	zu	120 mmHg

Blutdruckregulation

Die Höhe des Blutdrucks hängt von verschiedenen Faktoren ab. Wichtig ist insbesondere unsere Aktivität, denn je mehr unsere Muskeln arbeiten müssen, desto mehr Blut muss das Herz durch die Adern pumpen und damit steigt der Blutdruck. Außerdem ist entscheidend, wieviel Widerstand die Arterien dem Blut entgegensetzen: Sind die Gefäße verkalkt, ist ihr Durchmesser kleiner und dadurch steigt der Druck. Ein gesundes Blutgefäß kann durch die Gefäßmuskulatur den Durchmesser aktiv verkleinern und vergrößern. Ein »verkalktes« Gefäß kann das nicht. In ihm ist der Druck immer hoch. Ein weiterer bestimmender Faktor für den Blutdruck ist die Blutmenge im Körper: Viel Blut bedeutet höherer Blutdruck. Dieser Aspekt spielt besonders bei übergewichtigen Personen eine entscheidende Rolle.

Merke

Situationsbedingt darf der Blutdruck ansteigen. Das trifft beispielsweise zu, wenn Sie dem Bus hinterherlaufen müssen. Ein vorübergehender Bluthochdruck kann auch psychische Ursachen haben: Wenn Sie sich über Ihren Chef aufregen, sorgen Hormone dafür, dass Ihr Blutdruck steigt. Sogar Werte über 200 mmHg sind dann kurzfristig möglich und durchaus noch normal.

Welche Ursachen hat die Hypertonie?

Bei manchen Menschen ist der Bluthochdruck die Folge einer Krankheit. Das nennt der Arzt »sekundären Hypertonus«. Am häufigsten wird diese Form durch Nierenerkrankungen, hormonelle Störungen und Diabetes mellitus hervorgerufen. Jedoch haben nur zehn Prozent der Bluthochdruckpatienten die Diagnose »sekundärer Hypertonus«.

Viel häufiger ist der primäre oder auch essentielle Hypertonus. Diese Form des Bluthochdrucks ist dadurch gekennzeichnet, dass der Arzt keine organische Ursache finden kann. Meist sind ungünstige Lebensbedingungen wie Überernährung, Rauchen, Stress und Bewegungsmangel die Gründe. Versuchen Sie diese vier »Sünden« zu vermeiden! Weitere Risikofaktoren für den essentiellen Bluthochdruck sind Alkohol, oft auch eine erblich bedingte Veranlagung sowie Arteriosklerose.

Behandlung der Hypertonie

In erster Linie muss der Arzt prüfen, ob hinter der Hypertonie eine Krankheit steckt. Kann er diese finden und behandeln, normalisiert sich der Blutdruck. Liegt jedoch ein essentieller Hypertonus vor, hilft eine medikamentöse Therapie – und natürlich eine Umstellung der Lebensgewohnheiten! Die Wahrscheinlichkeit ist groß, dass mit dem Übergewicht auch der erhöhte Blutdruck schwindet. Bewegung, weniger Stress und der Verzicht auf Alkohol und Zigaretten gehört ebenfalls zu den blutdrucksenkenden Maßnahmen. Wichtig ist eine pflanzenorientierte Kost sowie die richtige Wahl der Fette. Vorzuziehen sind Fette mit einem hohen Anteil ein- und mehrfach ungesättigter Fettsäuren, insbesondere Omega-3-Fettsäuren (siehe Seite 27 ff.). Oft reichen jedoch die geschilderten Maßnahmen nicht aus, den Blutdruck auf Normalwerte zu bringen. Dann ist es erforderlich, Medikamente einzunehmen.

Risikofaktor Arteriosklerose

Die Arteriosklerose ist die häufigste krankhafte Veränderung der Arterien, die sich aus einer chronischen Entzündung der Innenwand der Arterie entwickelt. Die Gefäße verhärten, verengen und verlieren ihre Elastizität. Ist ein Gefäß, das das Gehirn mit Blut versorgt, betroffen, so kommt es zum Schlaganfall. Sind die Herzkranzgefäße von Arteriosklerose betroffen und verschließen sie sich, droht der Herzinfarkt. Alle Funktionseinschränkungen der Herzkranzgefäße fallen unter den Sammelbegriff »koronare Herzkrankheit« (KHK). Dazu zählt auch die Angina pectoris, die mit Atemnot und Engegefühl um den Brustkorb herum Todesangst erzeugt und oft die Vorstufe zum Infarkt ist. Frühwarnzeichen, mit denen sich arteriosklerotische Krankheiten ankündigen, sind selten. Kommt es erst einmal zu Herzbeschwerden, Atemnot, Durchblutungsstörungen der Beine und kleinen Schlaganfällen, ist die Gefäßverkalkung in der Regel schon weit vorangeschritten.

Wie entsteht Arteriosklerose?

Unsere Arterien sind innen mit einer feinen Schicht aus dünnen Zellen ausgekleidet – dem Endothel. Substanzen im Blut wie LDL-

Cholesterin (siehe Seite 34 f.) oder Sauerstoffradikale schädigen die Endothelzellen, die sich schließlich entzünden. Das macht die Arterienwände rauh. Der Körper versucht zu reparieren und legt eine Schicht darüber. Dadurch wird das Gefäß enger. Durch die wiederholte Entzündung wird das Endothel immer anfälliger und durchlässiger, immer mehr Cholesterin kann in die Gefäßwand eindringen.
Zu viel Fett in Form von Lipoproteinen im Blut führt im Verlauf der Jahre dazu, dass auch diese in die Gefäßwände von Arterien eingelagert werden. Reißt eine Wand, werden fettreiche Schaumzellen freigesetzt. Als Fettthrombus oder Fettpfropfen können sie das Gefäß schlagartig verschließen. Es kommt zum Schlaganfall, Herzinfarkt oder zum Verschluss anderer Arterien.
Fett- und Cholesterinablagerungen in Arterien bezeichnet der Mediziner als »Plaques«. Sie werden von Bindegewebe eingeschlossen und verkalken – daher die Bezeichnung Arterienverkalkung. So verschwindet durch die oben beschriebenen Prozesse nach und nach die normale Endothelschicht und es lagern sich Blutplättchen an, die sich zu einem Blutgerinnsel zusammenballen können. Der Blutfluss wird gestoppt – jetzt besteht die Gefahr eines Herzinfarkts.

Frühwarnsymptome für Gefäßverschlüsse

- zeitweiliges Taubheitsgefühl in Füßen und Zehen
- häufige Kältegefühle in den äußeren Extremitäten
- Wadenschmerzen beim Gehen und im Ruhezustand
- Wachstumsstörung der Beinbehaarung und Fußnägel
- schlechte Wundheilung
- Impotenz und Errektionsstörung
- Geschwüre und Entzündungen
- rötliche bis dunkelblau/schwarze Hautverfärbungen

Was tun bei akutem Gefäßverschluss?

Symptome für einen Gefäßverschluss müssen vom Arzt untersucht werden. Ein akuter Gefäßverschluss ist ein Notfall, der die rasche Benachrichtigung des Rettungsdienstes erfordert. Wenn Sie arterielle Verschlusskrankheiten nicht wirksam behandeln lassen, bilden sich durch die dauernde Unterversorgung des Gewebes Entzündungen, die schlecht heilen (»offenes Bein«). Im Endstadium stirbt das Gewebe ab, und der betroffene Bereich muss amputiert werden.

Herzinfarkt – vorbeugen ist besser als heilen

Jedes Jahr erleiden in der Bundesrepublik Deutschland 280 000 Menschen einen Herzinfarkt, wovon wiederum ungefähr 170 000 sterben. Viele Betroffene könnten gerettet werden, wenn sie rechtzeitig in die Klinik kämen, denn neuere Methoden der Infarktbehandlung wie die Thrombolyse (Auflösung eines Thrombus) sind nur in den ersten Stunden voll wirksam. Aber die beste Möglichkeit, den plötzlichen Herztod zu vermeiden, ist, dem Herzinfarkt vorzubeugen.

Der Vorbote des Herzinfarkts: die koronare Herzkrankheit

Unser Herz schlägt ca. 100 000 mal pro Tag. Durch die Verkalkung (Arteriosklerose) in den Herzkranzgefäßen bekommt der Herzmuskel zu wenig Sauerstoff und Nährstoffe. Das bezeichnet der Arzt als koronare Herzkrankheit – kurz KHK. Die KHK geht dem Herzinfarkt voraus. Das Herz meldet sich bei Belastung mit starken Schmerzen, denn es erhält nicht ausreichend Sauerstoff. Die Krankheitszeichen verschwinden meist in Ruhe wieder oder auch nach einer medikamentösen Behandlung. Als »Supergau« kann es Tage, Wochen oder Jahre später zu einem völligen Verschluss eines oder mehrerer Herzkranzgefäße kommen: Das ist der Herzinfarkt.

Supergau der Herzkranzgefäße: der Herzinfarkt

Wenn es zu einem Verschluss einer oder mehrerer verkalkter Herzkranzarterien kommt, d.h. kein Blut mehr durch das Gefäß fließen kann, wird das hinter dem Verschluss liegende Herzmuskelgewebe nicht mehr ausreichend mit Sauerstoff und Nährstoffen versorgt. Das führt zunächst dazu, dass das betroffene Herzmuskelareal abstirbt. Das muss aber nicht heißen, dass das Herz dann gar nicht mehr arbeiten kann. Es kommt auf die Größe der verstopften Arterie an: Je größer die Arterie war, desto mehr Herzmuskel stirbt ab und desto größer ist die Beeinträchtigung der Herzfunktion. Zusätzlich können beim Herzinfarkt gefährliche Herzrhythmusstörungen auftreten. Das Herz bewegt sich nicht mehr so, wie es soll.

Frühwarnsymptome eines drohenden Herzinfarkts

Ein akuter Herzinfarkt kündigt sich in vielen Fällen mit vorhergehenden Angina-pectoris-Beschwerden an. Angina pectoris zeigt sich

in einem »beklemmenden« Schmerz – einem Gefühl der Brustenge, das durch Sauerstoffmangel verursacht wird. Der Schmerz wird meist als dumpfer Druck, oft auch als Ziehen, als brennend oder stechend empfunden. Er kann hinter dem Brustbein sitzen, den Hals einschnüren, aber auch auf den Oberbauch drücken. Oder aber er strahlt in die Schultern, den linken Arm oder in den Rücken aus.
Angina pectoris tritt zunächst bei körperlicher Anstrengung, bei Aufregung, auch nach einem zu üppigen Essen oder bei Kälte auf. Die Schmerzen vergehen nach einigen Minuten wieder. Wenn Angina pectoris auch in Ruhe auftritt, wird es kritisch: Ein Herzinfarkt kann sich jederzeit ereignen. Zur Vorbeugung ist dann eine stationäre Behandlung im Krankenhaus sinnvoll.

Symptome eines akuten Herzinfarkts

Ein akuter Herzinfarkt verursacht Angina-pectoris-ähnliche Schmerzen, die jedoch wesentlich heftiger sind. Sie dauern meist über 30 Minuten an und nehmen dabei an Intensität zu.
Die einzelnen Symptome können individuell sehr unterschiedlich ausgeprägt sein. Jeder Angina-pectoris-Anfall, der länger als eine Viertelstunde anhält und ungewöhnlich heftig schmerzt, ist auch ohne Begleitsymptome infarktverdächtig. Rufen Sie unbedingt den Notarzt! Je rascher der Arzt eingreift, desto besser sind die Aussichten für den Betroffenen.

Herzinfarktsymptome

- beklemmendes Engegefühl im Brustbereich
- dumpfer Druck, Ziehen oder stechender Schmerz im Brustbereich
- Schmerzen, die in den linken Arm oder in den Rücken, in den Bauch, zwischen die Schulterblätter und in den Unterkiefer ausstrahlen
- Übelkeit oder Erbrechen
- fahle Gesichtsfarbe
- kalter Schweiß
- Herzklopfen
- Atemnot
- plötzlicher Kreislaufzusammenbruch, Bewusstlosigkeit
- Unruhe
- Todesangst

Merke

Beim Herzinfarkt zählt jede Minute – es geht um Leben und Tod! Wählen Sie sofort die Notfallnummer 112!

Wie wird ein Herzinfarkt behandelt oder einem weiteren vorgebeugt?

Die Ärzte entscheiden so schnell wie möglich, ob eventuell Medikamente ausreichen, die Verstopfung aufzulösen, oder ob das verschlossene Gefäß mit einem so genannten Ballonkatheder wieder durchgängig gemacht wird.

Ballonkatheder: Hierbei wird vom Arzt ein Katheder (eine dünne Sonde) über die Aorta eingeführt und unter Röntgenkontrolle an die verengte Gefäßstelle gebracht. Anschließend wird der Ballon unter sehr hohem Druck »aufgeblasen«. Dadurch weitet sich die verengte Stelle und das Blut kann wieder ungehindert durch die Arterie fließen. Diese Therapie wird unter örtlicher Betäubung durchgeführt. Der Katheder wird in der Regel in der Leistengegend eingebracht und bis zur Engstelle vorgeschoben. Um die Weitung offen zu halten, ist eine medikamentöse Therapie, Bewegungstherapie und eine gesunde Ernährung wichtig.

Bypass-Überbrückung: Das Risiko, nach einem ersten, überstandenen Herzinfarkt innerhalb der nächsten fünf Jahre einen weiteren, vielleicht tödlichen, zu erleiden, ist groß. Neben der Veränderung des Lebensstils, vor allem der Ernährung, spielen die medikamentöse Therapie und andere ärztliche Maßnahmen wie beispielsweise eine Bypass-Operation (die oft auch zur Herzinfarkt-Prophylaxe durchgeführt wird) eine entscheidende Rolle. Bei dieser Operation werden verengte Gefäßabschnitte der Herzkranzgefäße beispielsweise durch das Einpflanzen von passenden Venenstücken vom Unterschenkel überbrückt.
Dennoch kann nicht oft genug betont werden: Beugen Sie vor, denn vorbeugen ist einfacher und besser als heilen! Und falls Sie schon einen ersten Herzinfarkt hinter sich haben – lassen Sie es zu keinem zweiten kommen. Ein neuer Lebens- und Ernährungsstil, wie in diesem Buch angeregt, hilft Ihnen, in der Zeit nach dem Infarkt schneller wieder auf die Beine zu kommen und das Risiko eines erneuten Herzinfarkts möglichst gering zu halten.

Mehr Bewegung schützt Herz und Gefäße

Zwischen Gesundheit und Lebensstil besteht ein enger Zusammenhang. Insbesondere der Herzinfarkt lässt sich durch veränderte Lebensgewohnheiten verhindern. Viele Menschen sterben in relativ jungen Jahren an Herz-Kreislauf-Erkrankungen – das müsste nicht sein!

Wir bewegen uns zu wenig!

Regelmäßiges körperliches Ausdauertraining verbessert die Belastbarkeit und Leistungsfähigkeit Ihres Körpers. Außerdem stärkt es Ihr Immunsystem, baut Fettgewebe ab, kräftigt die Muskulatur, senkt den Blutzucker und Blutdruck und baut Stress ab. Regelmäßige körperliche Aktivität ist auch nach einem Herzinfarkt nicht nur erlaubt, sie ist notwendig! Nach Absprache mit dem Arzt dürfen Herzinfarktpatienten beispielsweise an Kardioprogrammen in Fitnesscentern oder in den Sportvereinen mitmachen. Bewegung beeinflusst auch die Gerinnungsfähigkeit des Blutes und hemmt die Entwicklung von Arteriosklerose. Empfehlenswert ist jedes Ausdauertraining. Die Pulsfrequenz sollte einen Trainingspuls von 180 minus Lebensalter betragen, das Training sollte mindestens dreimal wöchentlich, besser noch täglich, über 20 bis 45 Minuten durchgeführt werden. Versuchen Sie diese halbe Stunde Sport in Ihren Tagesablauf miteinzuplanen – es lohnt sich!
Regelmäßige zusätzliche Bewegung reduziert das Herz-Kreislauf-Erkrankungsrisiko. Am besten dazu geeignet sind Ausdauersportarten wie Joggen, Walken, Schwimmen, Tanzen, Fahrradfahren oder auch ausgedehnte Spaziergänge. Selbst regelmäßiges Treppensteigen bringt bereits gesundheitliche Vorteile. Ungeeignet sind alle stressigen oder auf kurzzeitige Belastung ausgelegten Sportarten wie Gewichtheben, Squash oder Bodybuilding. Wichtig ist, dass Sie die Aktivität langsam, aber sicher steigern. Ihre Pulsfrequenz sollte zwischen 100 und 130 betragen.

Gesunde Ernährung – eine Wohltat fürs Herz

Obwohl allgemein bekannt ist, wie das Risiko für Herz-Kreislauf-Erkrankungen durch das eigene Verhalten gesenkt werden kann, ernähren sich in den Industrieländern viele Menschen zu kalorienreich und zu fett. Der bei uns übliche Salzkonsum stellt bei der Ernährung kein großes Risiko dar, denn er liegt mit sechs bis neun Gramm täglich im Rahmen der internationalen Empfehlungen für eine gesunde Kochsalzzufuhr. Empfehlenswert ist ein moderater Konsum von fluoridiertem Jodsalz. Jeder von uns nimmt täglich durchschnittlich 130 Gramm Fett zu sich. Da dieses Fett bevorzugt in Form von tierischem Fett, also gesättigten Fettsäuren, aufgenommen wird, stellt es ein Gesundheitsrisiko dar. Versuchen Sie außerdem übermäßigen Zuckerkonsum zu vermeiden!

Das richtige Gewicht

Übergewichtige haben ein extrem hohes Risiko Herz-Gefäß-Krankheiten zu entwickeln, deren Folge ein Herzinfarkt sein kann. Zur Zeit ist über die Hälfte der Erwachsenen in Deutschland übergewichtig! Ihr Körpergewicht können Sie anhand des so genannten Körper-Massen-Indexes (Body-Mass-Index = BMI) bewerten. Dieser berechnet sich aus dem Körpergewicht und der Körpergröße.

Wie Sie Ihren BMI berechnen

$$\frac{\text{Körpergewicht in Kilogramm}}{\text{Körpergröße in Metern x Körpergröße in Metern}}$$

Beispiele
1. Größe: 1,80 m, Gewicht: 75 kg; BMI = 75 : $(1{,}80)^2$ = 23
Das Gewicht liegt im guten Bereich – muss nicht verändert werden.
2. Größe: 1,64 m, Gewicht: 79 kg; BMI = 79 : $(1{,}64)^2$ = 29
Das Gewicht ist eindeutig zu hoch – Sie sollten abnehmen, um Herz und Gefäße zu entlasten!

Ein BMI unter 19 ist zu niedrig, über 25 ist er zu hoch. Ab 30 ist dringend eine Gewichtsreduktion erforderlich!

Energiebedarf

Der Energieverbrauch und die Energiezufuhr bestimmen unser Körpergewicht. Liegt der Verbrauch unterhalb der Zufuhr, steigt das Körpergewicht an. Ist das Verhältnis genau umgekehrt – wie das bei Verminderung der Fettaufnahme der Fall ist –, nehmen Sie ab. Der Energiebedarf lässt sich leicht abschätzen; im Alter nimmt er immer weiter ab, da gleichzeitig mit dem Alterungsprozess der Muskulaturanteil des Körpers schwindet und der Fettgewebsanteil zunimmt. Mehr Bewegung lautet jetzt die Devise!

Ihr Energiebedarf:

25 Jahre	2400 kcal täglich
45 Jahre	2200 kcal täglich
65 Jahre	2000 kcal täglich

Abnehmen ist nicht schwer!

Ein Kilogramm menschliches Fettgewebe enthält rund 7000 Kilokalorien. Um ein Kilogramm Körperfett abzubauen, müssen daher 7000 Kilokalorien eingespart werden. Wenn Sie fünf Kilogramm abnehmen möchten, müssen Sie also 35 000 Kilokalorien einsparen. Bei einem Energiebedarf von rund 2400 Kilokalorien und einer Reduktionskost von 1500 Kilokalorien sparen Sie täglich 900 Kilokalorien ein und benötigen somit cirka 39 Tage (35 000 : 900 = 38,89), bis Sie Ihr Gewichtsziel erreichen.

Sie sollten Ihr Körpergewicht zweimal wöchentlich zur gleichen Uhrzeit kontrollieren. Wenn es Ihnen gelingt, Ihr Gewicht zu normalisieren und dieses auch zu halten, können Sie Ihre Gefäße, Ihr Herz und Ihren Stoffwechsel dauerhaft vor Gefahren oder erneuten Infarkten wirksam bewahren. Besprechen Sie jede Gewichtsreduktion mit Ihrem Arzt und führen Sie keine Crashdiät durch. Fasten ist für KHK-Patienten gefährlich.

Extra-Info

Die ideale Reduktionskost enthält 1200 bis 1800 Kilokalorien, macht satt, baut Übergewicht langsam ab und ist gesund für Herz und Gefäße.

Kohlenhydrate in der herzgesunden Ernährung

Kohlenhydrate liefern dem Körper vier Kilokalorien pro Gramm. Der Blutzucker, der die direkte Energieversorgung der Körperzellen übernimmt, stammt aus den Kohlenhydraten. Obst, Gemüse, Brot, Kartoffeln, Getreide, Reis, Nudeln, Zucker, Milch und Hülsenfrüchte bestehen hauptsächlich aus Kohlenhydraten. Mit Ausnahme der zuckerhaltigen Lebensmittel sind alle kohlenhydratreichen Lebensmittel relativ kalorienarm, sie machen gut satt und sind gesund. Mindestens die Hälfte der Energiezufuhr sollte bei Ihrer Ernährung aus Kohlenhydraten stammen. Das entspricht täglich 3,5 Gramm Kohlenhydraten pro Körperkilogramm. Kohlenhydrate haben keinen negativen Einfluss auf Gefäße, Blutdruck und Blutfette.

Ballaststoffe senken den Cholesterinspiegel

Obwohl Ballaststoffe in die Gruppe der Kohlenhydrate eingeordnet werden, liefern sie keine Kalorien. Ballaststoffreiche Lebensmittel sorgen für eine gute sowie lang anhaltende Sättigung, beugen Verstopfung vor und senken zusätzlich die Blutfettwerte. Daher sollten Obst, Gemüse, Salate, Vollkornprodukte und Vollkornbrote regelmäßig auf dem Speiseplan stehen. Ballaststoffreiche Lebensmittel sind wahre Satt- und Schlankmacher. Ihr Effekt ist besonders in Zellulose zu spüren – einem natürlichen Ballaststoff, der beispielsweise in Getreide vorkommt. Zellulosehaltige Medizinprodukte in Kapselform sind rezeptfrei in Apotheken erhältlich. Mit reichlich Wasser vor Mahlzeiten eingenommen helfen sie satt zu werden und zu bleiben. Die wasserlöslichen Ballaststoffe haben einen deutlich cholesterinspiegelsenkenden Effekt. Mehr dazu auf Seite 34 ff.

Fette in der herzgesunden Ernährung

Fett ist mit neun Kilokalorien pro Gramm der energiereichste Nährstoff. In der Bundesrepublik wird mehr als das Doppelte davon verzehrt, als der Körper tatsächlich benötigt. Fett im Übermaß ist die Hauptursache für die Entstehung von Übergewicht. Menschen, die unter Herz-Gefäß-Erkrankungen leiden, müssen dem Fett besondere Beachtung schenken. Denn Fett kann für sie gesund und ungesund sein. Die tägliche Kost sollte nicht mehr als 30 bis 35 Energieprozent Fett enthalten. Das entspricht maximal einem Gramm Fett pro Kilogramm. Pflanzliche Fette sind in der Regel gesundheitsförderlicher als tierische. Als Aufstrichfett bieten sich dünn gestrichene Halbfett- oder Diätmargarine an. Als Kochfett ist gut erhitzbares Pflanzenöl (Maiskeim-, Soja-, Raps- oder Diät-3-Pflanzenöl) in kleinen Mengen das richtige Maß. Für den Salat bietet sich pro Portion ein Teelöffel Oliven-, Walnuss-, Sonnenblumen- oder Diätpflanzenöl an.

Was sind eigentlich Triglyceride?

Triglyceride sind, einfach übersetzt, Fett. Das Nahrungsfett erscheint nach der Aufnahme im Dünndarm als Triglyceride im Blut. Sie sind wichtige Energieträger, die oftmals an den Hüften, Po und Bauch enden. Wenn die Triglyceride – oder auch Neutralfette – im Blut sehr hoch sind, kann Arteriosklerose entstehen. Heute ist wissenschaftlich gesichert, dass zuviel Neutralfette im Blut eine koronare Herzkrankheit auslösen können. Oftmals liegt der Hypertriglyceridämie, wie der Arzt den erhöhten Triglyceridspiegel im Blut bezeichnet, ein erhöhter Blutzucker oder Diabetes mellitus zugrunde. Bei Hypertriglyceridämie ist wichtig, dass nicht zu viel Fett, insbesondere gesättigte Fettsäuren, oder Zucker aufgenommen werden. Alkohol müssen Menschen mit erhöhtem Triglyceridspiegel meiden, da er ebenfalls die Neutralfette im Blut erhöht.

Die Rolle der Fettsäuren

Triglyceride bestehen aus Glycerin und drei Fettsäuren. Diese Fettsäuren unterscheiden sich in ihrer chemischen Struktur. Sie können gesättigt, einfach ungesättigt oder mehrfach ungesättigt sein. Nur eine Fettsäure, die mehrfach ungesättigte Linolsäure, ist lebensnotwendig – wir müssen sie daher täglich aufnehmen. Gesättigte Fettsäuren sind überflüssig und machen die Gefäße krank. Ein- und mehrfach ungesättigte Fettsäuren sind im Rahmen einer fettreduzierten Kost gesund und senken den Gesamtcholesterinspiegel, insbesondere das LDL. Das HDL senken sie nur, wenn wir zu viel davon aufnehmen (siehe Seite 34 ff.).

Welches Fett ist das richtige Fett?

Eine hohe Fettzufuhr mit einer zu hohen Energiezufuhr ist eine der

Hauptursachen für Übergewicht und erhöhte Blutfettwerte. Diese wiederum gelten als Risikofaktoren für die frühzeitige koronare Herzkrankheit. Wir verzehren täglich durchschnittlich 130 bis 140 Gramm Fett. Empfehlenswert wären 60 bis 80 Gramm täglich.

Um einem erhöhten Blutfettspiegel (erhöhte Cholesterinwerte und erhöhte Triglyceridwerte) vorzubeugen oder ihn zu behandeln, müssen Sie darauf achten, nicht mehr als 30 Prozent der täglichen Energiezufuhr in Form von Fett aufzunehmen.

Was machen die verschiedenen Fettsäuren?

	LDL	HDL	Triglyzeride
Gesättigte Fettsäuren, gF	↑↑↑	–	↑
Einfach ungesättigte Fettsäuren, eF	↓	↑	↓
Mehrfach ungesättigte Fettsäuren, mF	↓	↑	↓
Omega-3-Fettsäuren	↓	–/↓	↓↓

Meine Fettbedarf-Berechnung:
Mein Normalgewicht (Körpergröße in Zentimetern minus 100) x 30:
_______ Energiebedarf in Kilokalorien geteilt durch 27:
_______ Mein Fettbedarf in Gramm pro Tag.

Hitliste der Lebensmittel mit einem hohen Gehalt mehrfach ungesättigter Fettsäuren (Gehalt in jeweils 100 Gramm)

Distelöl (Safloröl)	74 g
Traubenkernöl	70 g
Walnussöl	68 g
Sonnenblumen-, Weizenkeimöl	61 g
Sojaöl	57 g
Maiskeimöl	55 g
Walnuss europäisch	43 g
Diätmargarine	42 g
Sonnenblumenkern frisch	30 g
Lebertran	30 g

Fortsetzung Hitliste der Lebensmittel mit einem hohen Gehalt mehrfach ungesättigter Fettsäuren	
Erdnussöl	28 g
Paranuss frisch	25 g
Kürbiskern frisch	24 g
Pinienkern frisch	23 g
Sesam frisch	22 g
Leinsamen frisch	21 g

Hitliste der Lebensmittel mit einem hohen Gehalt einfach ungesättigter Fettsäuren (Gehalt in jeweils 100 Gramm)	
Olivenöl	71 g
Erdnussöl	49 g
Lebertran	48 g
Haselnuss frisch	48 g
Sesamöl	40 g
Mandel süß frisch	37 g
Pistazie geröstet und gesalzen	37 g
Cashewnuss geröstet	32 g
Oliven schwarz gesäuert	26 g
Maiskeimöl	26 g
Erdnussbutter/-mus	25 g
Erdnuss geröstet	24 g
Sojaöl	24 g
Sonnenblumenöl	22 g
Paranuss frisch	22 g

Lebensmittel mit einem hohen Gehalt gesättigter Fettsäuren sollten Sie eher meiden. Dies sind vor allem tierische Fette wie Schweineschmalz, Butter, Butterschmalz und saure Sahne (40 % Fett), sehr fetthaltige Käsesorten wie Weichkäse (70 % F.i.Tr.), Parmesan, Cheddar Rahmstufe, aber auch Kokosfett, Kokosnussraspeln, Palmkernfett sowie Mayonnaise (80 % Fett).

Vermeiden Sie Transfettsäuren!

Neu sind die Erkenntnisse über die so genannten Transfettsäuren. Diese Fettsäuren haben eine andere chemische Struktur als die normale Form der Fettsäuren. Transfettsäuren erhöhen das gefäßschädigende LDL-Cholesterin wesentlich. Reich an Transfettsäuren sind Fette, die teilgehärtete Fette enthalten wie beispielsweise manche Frittier- und Backfette. Daher können Fertiggerichte, Blätterteig und Frittiertes reich an Transfettsäuren sein. Aber auch Wiederkäuer (z. B. die Kuh) produzieren Transfettsäuren. In den entsprechenden Produkten (Milch, Butter, Rindfleisch) sind daher Transfettsäuren von Natur aus enthalten. Diät- und Reformmargarine sowie *becel pro-activ* sind frei von Transfettsäuren.

Gesundheit aus der Tiefsee: Omega-3-Fettsäuren

Einen positiven Einfluss auf die Blutfließeigenschaften haben die in bestimmten Fischen vorkommenden Omega-3-Fettsäuren. Sie hemmen die Bildung von Blutgerinnseln und sie fördern insbesondere die Durchblutung der Nieren. Letzteres ist wichtig für Diabetiker, da bei ihnen die Gefahr eines Nierenversagens besteht. Daher sollten Diabetiker täglich 0,5 bis 1 Gramm Omega-3-Fettsäuren in Form von Fisch (z. B. Hering, Lachs, Makrele, Thunfisch) oder Fischölpräparaten aufnehmen. Omega-3-Fettsäuren bewirken zudem die Senkung des Blutdrucks und der Blutfettwerte.

Eiweiß in Maßen – ein wichtiger Nährstoff

Eiweiß (Protein) ist lebensnotwendig und dient dem Körper als wichtigster Baustoff beispielsweise für Muskulatur und Hormone. Ein Gramm Eiweiß liefert vier Kilokalorien. In Deutschland liegt die durchschnittliche Eiweißzufuhr mit fast 100 Gramm doppelt so hoch wie die Empfehlungen. Zu viel Eiweiß fördert die Entstehung von Nierenschäden und Gicht, da über eiweißreiche Nahrungsmittel gleichzeitig reichlich Purine aufgenommen werden. Pflanzliche Eiweiße (z. B. Soja) wirken sich cholesterinspiegelsenkend aus. Die tägliche Eiweißzufuhr sollte 15 Energieprozent nicht übersteigen, als Faustregel gilt maximal ein Gramm Eiweiß pro Körperkilogramm.

Vitamine und Mineralstoffe

Vitamine und Mineralstoffe sind lebensnotwendige Substanzen, die Steuerungsaufgaben haben oder zum Aufbau von Geweben (z. B. Kalzium für Knochen) benötigt werden. Im Rahmen einer ausgewogenen, herz- und gefäßgesunden Ernährung liegt die Zufuhr der meisten Vitamine und Mineralstoffe im »grünen Bereich«. Lediglich die Zufuhr der Mineralstoffe Fluorid, Magnesium, Jod, Zink und Eisen sowie der B-Vitamine reicht bei vielen Gesunden nicht aus.
In den letzten Jahren wird auf bestimmte Vitamine, sogenannte Antioxidantien, großen Wert gelegt. Sie sollen unter anderem vor Herzinfarkt und Arteriosklerose schützen. Allein durch die Zufuhr dieser Vitamine – Vitamin A, C und E – ist das aber nicht möglich. Wichtig ist, dass die Versorgung mit antioxidativen Vitaminen gut ist und gleichzeitig die richtigen Fette, also hochwertiges Pflanzenöl oder Diätmargarine, zugeführt werden, denn diese enthalten reichlich Vitamin E, das vor der Oxidation, der schädlichen Auswirkung des Sauerstoffs auf die Körperzellen, schützt. Zusätzlich ist es sinnvoll, zum Schutz der Gefäße und des Herzens täglich ein bis zwei Glas ACE-Saft zu trinken. Der Fluorid- und Jodbedarf ist leicht über fluoridiertes Jodsalz und den regelmäßigen Verzehr von Seefisch sowie das Trinken von schwarzem Tee zu decken. Die zusätzliche Einnahme von Vitamin- und Mineralstoffpräparaten sollten Sie mit Ihrem behandelnden Arzt besprechen.

Richtig trinken

Jeder Mensch sollte täglich mindestens zwei Liter trinken. Besonders gut für Ihre Gesundheit sind Mineralwasser, Kräuter- und Früchtetee, Obst- und Gemüsesäfte sowie Leitungswasser. Kaffee und Tee sind auch erlaubt, sie enthalten jedoch Teein und Koffein, was dem Herzen zu schaffen machen kann. Daher ist es nicht sinnvoll, täglich mehr als vier Tassen Kaffee oder Schwarztee zu trinken. Beachten Sie, dass sehr große Kaffeemengen auch den Cholesterinspiegel erhöhen können. Auch ungefilterter Kaffee ist den Gefäßen nicht zuträglich. Wer auf Kaffee mit Herzrasen und erhöhtem Blutdruck reagiert, sollte lieber koffeinfreien Kaffee verwenden.

Nikotin und Alkohol schädigen Herz und Gefäße

Alkohol liefert fast so viel Kalorien wie Fett und enthält rund sieben Kilokalorien pro Gramm. Für übergewichtige Menschen sind alkoholische Getränke daher besonders ungeeignet. Es ist schlicht wissenschaftlich falsch zu sagen, alkoholische Getränke wie Rotwein seien gut für das Herz oder die Blutgefäße. Alkohol ist ein Giftstoff mit einer hohen Suchtgefahr. Sicherlich spricht nichts gegen den moderaten Genuss von niedrigprozentigen Alkoholika wie Rotwein, Weißwein oder Bier – das bedeutet, nicht mehr als ein Glas pro Tag! Die täglich aufgenommene Menge Alkohol sollte 10 bis 15 Gramm nicht überschreiten. Laut Statistik trinken jedoch 11 % der Frauen und 27 % der Männer mehr als ein oder zwei Glas alkoholischer Getränke pro Tag.

Die oft gepriesenen sekundären Pflanzenstoffe (siehe Seite 37 ff.), die in Rotwein in geringer Menge vorkommen, können Sie in großer Menge über Obst, Gemüse, Nüsse und Samen sowie Getreide aufnehmen. Alkoholkonsum kann Herzrhythmusstörungen auslösen und verträgt sich nicht mit Medikamenten, die zur Vorbeugung und Behandlung von Herz-Kreislauf-Erkrankungen verabreicht werden. Alkoholika erhöhen den Blutdruck und damit auch das Schlaganfall- und Herzinfarktrisiko!

Eine weitere Möglichkeit, das Herz-Kreislauf-Risiko sofort zu senken, ist die Aufgabe des Rauchens. Die Beweise für die Schädlichkeit des Zigarettenrauchens als Mitverursacher von Krebs und Herz- sowie Kreislauf-Erkrankungen sind erdrückend: Zigarettenrauchen ändert die Eigenschaften des Blutes ungünstig, beschleunigt die Herzfrequenz und disponiert zu bedrohlichen Herzrhythmusstörungen. Gleichzeitig wird die Fähigkeit des Blutes, Sauerstoff zu transportieren, und die Fähigkeit des Gewebes, Sauerstoff aufzunehmen, stark herabgesetzt. Rauchen verstärkt außerdem die Thromboseneigung.

Extra-Info

Bei einem Zigarettenkonsum von zehn pro Tag erhöht sich die Herz-Kreislauf-Todesquote um 18 Prozent bei Männern und 31 Prozent bei Frauen. Nach zwei Jahren Abstinenz ist Ihr Herzinfarktrisiko um 30 bis 40 Prozent niedriger!

Mythos Cholesterin

Cholesterin ist ein lebenswichtiger Baustoff für die Zellwände, für die Produktion von Gallenflüssigkeit, Hormonen, von Vitamin D und vielen anderen Stoffen in unserem Körper. Der Organismus kann es in der Leber selbst produzieren und ist auf eine Zufuhr mit der Nahrung nicht angewiesen. Ohne Cholesterin können wir nicht leben. Aber der Cholesterinspiegel darf nicht so hoch sein, dass es zur Gefäßverkalkung kommt. Das ist besonders zu erwarten, wenn das sogenannte »schlechte« Cholesterin, das LDL, hoch und das »gute« Cholesterin, das HDL, niedrig ist.

Cholesterin lässt sich im Körper nur verpackt transportieren

Cholesterin ist eine fettähnliche Substanz. Da Fett im Blut sozusagen immer oben schwimmen würde und somit nicht transportabel wäre, verpackt es der Körper, um es transportfähig zu machen. Im Blut befördert er Cholesterin, indem er es in Eiweiß einpackt. Diese Transporter heißen Lipoproteine (= Fett-Eiweiß-Verbindungen). Sie spielen für die Fettstoffwechselstörungen eine große Rolle. Die VLDLs (very low density lipoprotein = Lipoproteine sehr geringer Dichte) dienen dem Transport von Fetten und Cholesterin. Die Dichte ist abhängig vom Eiweißgehalt der Fetttransporter. Je geringer dieser ist, desto leichter sind die Lipoproteine. Bei VLDLs ist der Proteingehalt gering.

Bei den LDLs (= low density lipoprotein = Lipoproteine geringer Dichte) ist der Proteingehalt höher. Die LDLs enthalten sehr große Mengen Cholesterin. Sie befördern es von der Leber in den ganzen Körper. Daher ist ein hoher LDL-Wert auch schlecht, denn viel LDL-Cholesterin in den Blutgefäßen bedeutet ein hohes Risiko, an Arteriosklerose zu erkranken. Ein LDL-Übermaß lagert sich in den Gefäßwänden ab.

Die HDLs (= high density lipoprotein = Lipoproteine hoher Dichte) enthalten relativ viel Eiweiß und Cholesterin. Doch sie transportieren das Cholesterin aus dem ganzen Körper zur Leber zurück. Daher ist ein hoher HDL-Wert auch gut, denn das »gute« Cholesterin schützt vor Arteriosklerose. In der Leber werden aus Cholesterin Gallensäuren aufgebaut, die für die Verdauung in den Dünndarm abgegeben werden. Die HDLs tragen zum Abbau der LDLs bei.

Extra-Info

Rund 60 Prozent der Bevölkerung Deutschlands hat einen Cholesterinspiegel von über 200 mg/dl!

Frauen haben normalerweise bis zum Klimakterium ein hohes HDL und sind daher vor Arteriosklerose sowie Herzinfarkt geschützt. Mit dem Klimakterium wird der Herzinfarkt auch für Frauen zur häufigsten Todesursache. Das gute HDL-Cholesterin steigt durch regelmäßige Bewegung. Es ist bekannt, dass Jogger ein hohes HDL haben. Auch eine herzgesunde Ernährung kann das HDL steigern und das LDL senken.

Zielwerte für den Cholesterinspiegel:

- Triglyzeride nicht über 200 mg/dl
- Gesamtcholesterin nicht über 200–250 mg/dl
- LDL nicht über 155 mg/dl
- HDL nicht unter 45 mg/dl

Wir brauchen Cholesterin – doch zu viel verkalkt die Gefäße

Heute wird der Nahrungscholesterinzufuhr von Seiten der Wissenschaftler nicht mehr dasselbe Augenmerk geschenkt wie früher. Viel wichtiger ist es, weniger Fett und gesättigte Fettsäuren aufzunehmen, als beim Cholesterin übertrieben zu sparen. Es spricht nichts gegen zwei bis vier Eier wöchentlich, die in der Tat sehr cholesterinreich sind. Es gibt übrigens Menschen, die auf das Nahrungscholesterin fast überhaupt nicht reagieren, bei anderen hingegen ist die Reaktion stärker. Die maximale Menge liegt zwischen 300 und 400 Milligramm täglich. Cholesterin kommt ausschließlich in tierischen, nicht in pflanzlichen Nahrungsmitteln vor.

Wasserlösliche Ballaststoffe senken den Cholesterinspiegel

Die vom Körper in der Leber produzierten Cholesterinmengen dienen in erster Linie der Herstellung von Gallensäuren. Ohne diese könnten wir Fett nicht verdauen. Die Gallensäuren schüttet die Leber über die Gallenflüssigkeit in die Gallenblase und den Dünndarm aus. Da der Körper Cholesterin nur ungern verschwendet, holt er es sich aus den Gallensäuren nach der Fettemulgation zurück. Es

gibt aber Möglichkeiten, den Körper am Zurückholen des Cholesterins zu hindern: Bestimmte wasserlösliche Ballaststoffe binden sozusagen die Gallensäuren mit dem Cholesterin, die dann mit dem Stuhlgang ausgeschieden werden. Da der Körper aber neue Gallensäuren aufbauen muss, holt er sich Cholesterin aus dem Blut über Rezeptoren in die Leber. Damit sinkt der Cholesterinspiegel.
Die ballaststoffreichen Samenschalen einer Spitzwegerichart (Plantago-ovata-Samenschalen oder Psyllium) sind in dieser Hinsicht besonders wirkungsreich: Sie senken den Cholesterinspiegel um 10 bis 20 Prozent, das LDL-Cholesterin um 15 bis 25 Prozent, wenn zu den drei Hauptmahlzeiten jeweils drei Gramm davon eingenommen werden. In Deutschland ist Psyllium in Apotheken freiverkäuflich erhältlich (z. B. Mucofalk). Psyllium enthält mehr cholesterinspiegelsenkende Ballaststoffe als Haferflocken oder Leinsamen. Insgesamt ist aber eine ballaststoffreiche Ernährung (z. B. Nüsse, getrocknete Früchte, Getreide oder Hülsenfrüchte) ideal zum Vorbeugen und Behandeln einer Hypercholesterinämie.

Hitliste der cholesterinreichen Lebensmittel (Cholesteringehalt je 100 g Lebensmittel)

Hühnerei Eigelb	1260 mg
Lebertran	850 mg
Hühnerei	396 mg
Rinderleber	342 mg
Schweineleber	331 mg
Kaviar echt	300 mg
Löffelbiskuit	281 mg
Butter	240 mg
Mayonnaise 80% Fett	237 mg
Milchspeiseeis	187 mg
Kalbsleberwurst	185 mg
Garnele frisch	152 mg
Krebstiere (Krustentiere)	145 mg
Butter, halbfett	140 mg

Die medikamentöse Behandlung eines erhöhten Cholesterinspiegels

Ein erhöhter Cholesterinspiegel steht nicht in jedem Falle mit dem erhöhten Konsum von Cholesterin oder Fett mit der Nahrung in Zusammenhang. Bisweilen liegt eine erbliche Fettstoffwechselstörung vor. Das Ziel einer medikamentösen Lipidsenkung ist, die erhöhten Neutralfette, das erhöhte LDL oder das erniedrigte HDL zu normalisieren. Die Medikamente müssen in der Regel lebenslang eingenommen werden. Und bitte beachten Sie: Sie sind nur im Rahmen einer herzgesunden Kost und der Veränderung des Lebensstils wirksam!

Sekundäre Pflanzenstoffe: die Phytosterine

Laut Definition sind sekundäre Pflanzenstoffe natürliche Inhaltsstoffe von Obst, Gemüse, Hülsenfrüchten, Samen und Getreide. Sie liefern keine Energie, sondern verleihen Aroma, Duft und Farbe. Sie schützen die Pflanze vor schädigenden Umwelteinflüssen – und sie haben gesundheitsförderliche Eigenschaften für den Menschen. Da Kohlenhydrate, Proteine und Fette primäre Inhaltsstoffe sind, werden die Pflanzenstoffe als sekundär eingruppiert. Es gibt neun Gruppen von sekundären Pflanzenstoffen – unter ihnen sind besonders die Phytosterine hervorzuheben.

Phytosterine schützen Herz und Gefäße

Phytosterine sind in ihrer chemischen Struktur dem Cholesterin sehr ähnlich. Dadurch hemmen sie die Aufnahme von Cholesterin (sowohl dem Nahrungscholesterin als auch dem Cholesterin der Gallensäuren) im Darm und fördern die Ausscheidung des Cholesterins mit dem Stuhlgang – als Folge davon sinkt das Gesamt- und LDL-Cholesterin deutlich, nicht jedoch das schützende HDL-Cholesterin. In geringen Mengen kommen sie natürlicherweise in fettreichen, pflanzlichen Nahrungsmitteln wie Nüssen, Hülsenfrüchten, Sonnenblumenkernen, Sojabohnen sowie Sesamsamen vor.

Merke

Kräftige Farbe, Geruch und Geschmack sind ein Anzeichen für einen hohen Gehalt an sekundären Pflanzenstoffen. Essen Sie daher bevorzugt Brokkoli, rote, gelbe und grüne Paprika ...

Reich an Phytosterinen: becel pro-activ

Das neue Aufstrichfett *becel pro-activ* enthält Phytosterine, die den LDL-Spiegel um 10 bis 15 Prozent und somit auch das Herzinfarktrisiko deutlich senken können. *becel pro-activ* ist eine Diät-Halbfettmargarine, sodass auch gleichzeitig die Gesamtfettzufuhr eingeschränkt werden kann. Die in *becel pro-activ* verwendeten Phytosterine stammen aus Sonnenblumenkernen, Sojabohnen und Raps.

Phytosteringehalt in mg pro 100 g

Gemüse	1 bis 100
Obst	2 bis 30
Getreide	1 bis 200
Saaten und Nüsse	22 bis 714
Raps- und Sonnenblumenöl	100 bis 800
Margarine	100 bis 300
becel pro-activ	8000

Pflanzliche Öle haben auch einen relativ hohen Phytosteringehalt. Die cholesterinsenkende Wirkung von Phytosterinen ist besonders hoch, wenn sie in Fett gelöst sind – wie z. B. in Margarine. Bei durchschnittlicher Ernährung werden 0,2 bis 0,4 Gramm täglich aufgenommen. Um einen ausreichenden Effekt auf den LDL-Wert zu erzielen, ist eine tägliche Zufuhr von 1,5 bis 2,0 Gramm notwendig. Dies entspricht einer Menge von 20 bis 25 Gramm (etwa zwei gestrichene Esslöffel) *becel pro-activ* täglich. Eine Überdosierung ist nicht möglich. *becel pro-activ* ist glutenfrei, weizenfrei, frei von Milchprodukten (geeignet bei Laktose-Intoleranz und Milcheiweißallergie) und geeignet für eine streng natriumarme Ernährung. Um die in 20 Gramm *becel pro-activ* enthaltenen Phytosterine aufzunehmen, müssten ersatzweise 300 g Sonnenblumenkerne verzehrt werden. Der Effekt auf den relativ träge reagierenden Cholesterinspiegel folgt bei täglichem Verzehr von 20 bis 25 Gramm *becel pro-activ* nach drei Wochen.
becel pro-activ ist das einzige in Deutschland im Rahmen der europäischen Novel-Food-Verordnung zugelassene so genannte »Funktionelle Lebensmittel« (Funktional Food) und damit die einzige Margarine mit derartigem Sicherheits- und Wirkungsnachweis.

100 g *becel pro-activ* enthalten:
360 kcal (1480 kJ)
40 g Fett (ohne 8 g Sterine – Sterine haben keinen Brennwert)
9 g gesättigte Fettsäuren
11 g einfach ungesättigte Fettsäuren
20 g mehrfach ungesättigte Fettsäuren

Arteriosklerose-Risiko durch Homocystein

Seit einigen Jahren sehen Wissenschaftler einen Zusammenhang zwischen einem erhöhten Homocysteinspiegel und dem Risiko einer Arteriosklerose-Erkrankung. Das Deutsche Institut für Ernährungsmedizin und Diätetik (D.I.E.T.) nennt die vier Wirkungen des Homocysteins auf die arteriosklerotischen Erscheinungen:

- Schädigung der Gefäßwandzellen der Arterien
- Einfluss auf das Wachstum glatter Muskelzellen der Gefäßwände
- erhöhte Neigung der Blutverklumpung in den Gefäßen
- Bildung reaktiver Sauerstoffverbindungen und damit verbundene LDL-Oxidation

Homocystein ist eine Vorstufe der Aminosäure Methionin. Bei der Umwandlung spielen die Vitamine B_6, B_{12} und Folsäure als Kofaktor eine wichtige Rolle. Amerikanische Studien zeigen, dass die Zufuhr der genannten Vitamine das Risiko einer Herz- oder Gefäßerkrankung senkt. Bei Personen mit unzureichender Zufuhr von Vitamin B_6, B_{12} und Folsäure wurde der höchste Bluthomocysteinwert festgestellt. Die Deutsche Gesellschaft für Ernährung (DGE) empfiehlt eine Folatzufuhr von 400 Mikrogramm pro Tag, eine Vitamin B_6-Zufuhr bis zu 1,5 Milligramm sowie eine Aufnahme von 3 Mikrogramm Vitamin B_{12}. Die amerikanischen Empfehlungen für die Folatzufuhr liegen ebenfalls bei 400 Mikrogramm pro Tag. Deshalb fordern amerikanische Fachgesellschaften eine Anreicherung der Lebensmittel, beispielsweise der Getreideprodukte mit einer Kombination von B_6, B_{12} und Folsäure. Dadurch, so die Wissenschaftler, könnte ein Rückgang der Todesfälle durch koronare Herzerkrankungen in den USA um 50 000 jährlich erreicht werden. Dies entspräche einem Rückgang in Deutschland um zirka 15 000!

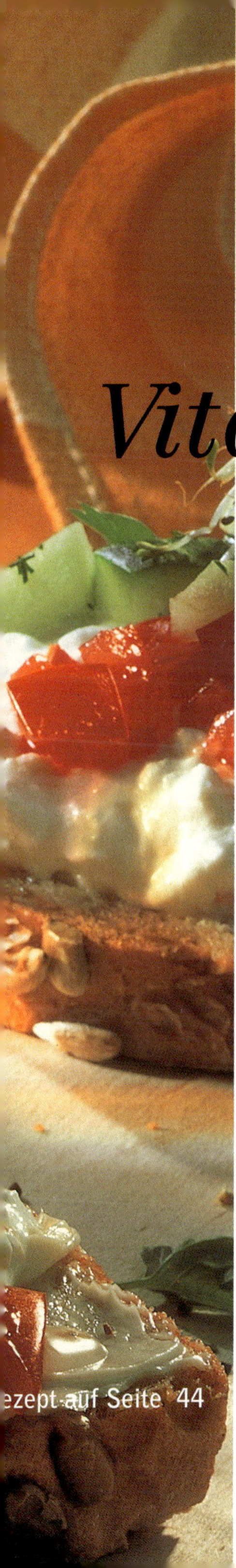

ezept auf Seite 44

Vitale Frühstücke

Um gesund in den Tag zu starten, sollten Sie sich ein leckeres, ballaststoffreiches Frühstück mit ausgewogenem Nährstoffgehalt gönnen. Die folgenden Rezepte sind reich an Vitaminen und Mineralstoffen, dabei kalorienarm – eine Wohltat für Herz und Gefäße! Ein phantasievoll zubereitetes, zuckerfreies Müsli mit viel frischem Obst, ballaststoffreiches Vollkornbrot zur Senkung des Cholesterinspiegels oder ein Powerdrink aus Gemüse und frischen Früchten helfen Ihnen, morgens in Schwung zu kommen!

Morgensonne

1 Portion enthält:
63 Kilokalorien
1,8 g Eiweiß
0,4 g Fett
11,6 g Kohlenhydrate
5,4 g Ballaststoffe
0,2 g mF
0 g eF
0,1 g gF
0 mg Cholesterin

Zutaten für 1 Portion:
120 g Möhren, 40 g Sellerie, Saft einer halben Zitrone, 100 ml stilles Wasser

Zubereitungszeit: etwa 10 Minuten

- Die Möhre und den Sellerie putzen, waschen und im Entsafter zu Saft pressen.
- Den Zitronensaft dazugeben und mit 1 bis 2 Eiswürfeln verrühren.
- Anschließend mit dem Mineralwasser auffüllen und in einem Glas servieren.

Tipp
Gleich eine größere Menge zubereiten.

Muntermacher

1 Portion enthält:
145 kcal
3,4 g Eiweiß
0,9 g Fett
28,6 g Kohlenhydrate
9,9 g Ballaststoffe
0,5 g mF
0,1 g eF
0,2 g gF
0 mg Cholesterin

Zutaten für 1 Portion:
1–2 Möhren, $^1/_2$ kleine Rote Bete, $^1/_2$ Apfel, Saft einer halben Orange und Zitrone, 1 Prise Ingwer

Zubereitungszeit: etwa 10 Minuten

- Die Möhren waschen und putzen, die Rote Bete schälen und vierteln. Den Apfel vierteln und vom Kerngehäuse befreien.
- Anschließend das Gemüse zusammen mit dem Apfel im Entsafter zu Saft pressen.
- Danach den Orangen- und Zitronensaft hinzugeben und mit dem Ingwer abschmecken.

Tipp

Gleich eine größere Menge zubereiten.

Fruchtbombe

1 Portion enthält:

208 Kilokalorien
2,7 g Eiweiß
0,9 g Fett
43,4 g Kohlenhydrate
5,4 g Ballaststoffe
0,3 g mF
0,1 g eF
0,3 g gF
0 mg Cholesterin

Zutaten für 1 Portion:

$^1/_2$ Banane, $^1/_2$ Kiwi, 75 g Weintrauben, $^1/_2$ Orange, etwas Zitronensaft

Zubereitungszeit: etwa 10 Minuten

- Die Banane und die Kiwi schälen und in Stücke schneiden.
- Die Trauben waschen und zusammen mit der Banane und der Kiwi im Entsafter zu Saft pressen.
- Den Orangensaft und etwas Zitronensaft hinzugeben.
- Das Getränk anschließend in ein Glas füllen und servieren.

Tipp

Gleich eine größere Menge zubereiten.

Frischkornmüsli

1 Portion enthält:
229 Kilokalorien
5,1 g Eiweiß
1,3 g Fett
47,7 g Kohlenhydrate
4,6 g Ballaststoffe
0,3 g mF
0,3 g eF
0,5 g gF
2,0 mg Cholesterin

Zutaten für 1 Portion:
25 g Weizenschrot, 2 EL fettarmer Joghurt, 1 EL Apfeldicksaft oder Honig, 100 g gemischtes Obst

Zubereitungszeit: etwa 10 Minuten (ohne Einweichzeit)

- Den Weizenschrot mit 50 ml Wasser verrühren und über Nacht zugedeckt stehen lassen.
- Am nächsten Morgen den Joghurt und den Apfeldicksaft unter den Schrot rühren.
- Das Obst kleinschneiden und mit dem Müsli anrichten.

Bananenschaummüsli

1 Portion enthält:
283 Kilokalorien
9,2 g Eiweiß
7,1 g Fett
43,1 g Kohlenhydrate
5,4 g Ballaststoffe
0,9 g mF
1,4 g eF
4,3 g gF
7,5 mg Cholesterin

Zutaten für 1 Portion:
25 g Haferflocken, 1 TL Kokosraspel, etwas frischer Ingwer, $^1/_2$ Orange, $^1/_2$ Banane, 125 g fettarme Dickmilch

Zubereitungszeit: etwa 15 Minuten

- Die Haferflocken zusammen mit den Kokosraspeln 5 Minuten anrösten.
- Die Ingwerwurzel schälen und fein reiben.
- Die Orange schälen, in Stücke schneiden und mit dem Ingwer und den Flocken mischen.
- Die Banane schälen, im Mixer zusammen mit der Dickmilch pürieren und anschließend über die Haferflockenmischung geben.

Kräutermüsli

1 Portion enthält:
499 Kilokalorien
20,6 g Eiweiß
24,6 g Fett
47,6 g Kohlenhydrate
11,2 g Ballaststoffe
12,8 g mF
5,6 g eF
4,8 g gF
13,1 mg Cholesterin

Zutaten für 1 Portion:
4 EL Weizen, grob geschrotet, 4 EL Wasser, 1 kleine Möhre, $^1/_2$ Apfel, 2 EL Sonnenblumenkerne, 2 EL gehackte Kräuter, 1 Prise jodiertes Kräutersalz, 150 g fettarmer Joghurt, 1 EL saure Sahne (10 % Fett), evtl. etwas Honig oder Süßstoff

Zubereitungszeit: etwa 15 Minuten (ohne Einweichzeit)

- Den Weizenschrot mit dem Wasser verrühren und über Nacht kühl und abgedeckt quellen lassen.
- Die Möhre schälen und grob raspeln. Den halben Apfel entkernen und mit Schale kleinschneiden oder grob raspeln.
- Den Getreidebrei mit den Sonnenblumenkernen, der Möhre, dem Apfel, den Kräutern, Kräutersalz, Joghurt und saurer Sahne vermengen.
- Eventuell mit etwas Honig oder Süßstoff abschmecken.

Frühstückshörnchen

1 Hörnchen enthält:
163 Kilokalorien
6,6 g Eiweiß
2 g Fett
30,8 g Kohlenhydrate
5,5 g Ballaststoffe
0,6 g mF
0,2 g eF
1,2 g gF
0 mg Cholesterin

Zutaten für 8 Hörnchen:
20 g Hefe, 250 ml lauwarmes Wasser, $^1/_2$ TL Zucker, 400 g Dinkelmehl, 1 TL jodiertes Speisesalz

Zubereitungszeit: etwa 45 Minuten (ohne Gehzeiten)

- Die Hefe in 100 ml des lauwarmen Wassers mit dem Zucker verrühren und etwa 15 Minuten bei Raumtemperatur gehen lassen.
- Das Mehl mit dem Salz in einer Schüssel mischen und mit dem Hefeansatz und dem restlichen Wasser verkneten. Den Teig zugedeckt ungefähr eine Stunde gehen lassen.
- Den Teig dann noch einmal gut durchkneten und in 4 Portionen teilen.
- Die Teigstücke quadratisch ausrollen, quer halbieren und die entstandenen Dreiecke zur Spitze hin aufrollen.
- Die Hörnchen auf ein mit Backpapier ausgelegtes Backblech setzen und zugedeckt nochmals 25 bis 30 Minuten gehen lassen. Dann im vorgeheizten Backofen bei 225 °C 30 bis 40 Minuten backen. Sie gehen besonders gut auf, wenn man eine Schüssel mit kaltem Wasser auf den Backofenboden stellt.

Tipp

Die Hörnchen schmecken besonders köstlich mit Marmelade als Belag.

Apfel-Möhren-Rohkost

1 Portion enthält:
200 Kilokalorien
4 g Eiweiß
10 g Fett
23 g Kohlenhydrate
5 g Ballaststoffe
5,0 g mF
3,3 g eF
1,7 g gF
0 mg Cholesterin

Zutaten für 2 Portionen:
1 mittelgroßer Apfel, 2 mittelgroße Möhren, jodiertes Speisesalz, Pfeffer, 2 TL Honig, 3 EL Zitronensaft, 1 EL Diät-Pflanzenöl, 2 EL gehackte Haselnüsse, einige Blätter Zitronenmelisse

Zubereitungszeit: etwa 15 Minuten, Foto unten

- Apfel waschen, vierteln, Kerngehäuse entfernen und nach Belieben mit oder ohne Schale raspeln.
- Möhren schälen, waschen und ebenfalls fein raspeln.
- Salz, Pfeffer und Honig mit Zitronensaft und Diät-Pflanzenöl vermischen und zusammen mit einem Esslöffel Haselnüssen und etwas gehackter Zitronenmelisse unter die Apfel-Karotten-Rohkost heben.
- Auf zwei Schalen verteilen, mit einigen Blättern Zitronenmelisse und den restlichen Haselnüssen dekorieren.

Pausenbrot »pro-activ«

1 Portion enthält:
175 Kilokalorien
9 g Eiweiß
5 g Fett
24 g Kohlenhydrate
4 g Ballaststoffe
2,0 g mF
1,4 g eF
1,6 g gF
6 mg Cholesterin

Zutaten für 1 Portion:
1 Scheibe Sonnenblumenbrot, 1 TL Diät-Margarine halbfett (z. B. *becel pro-activ),* 2 EL Hüttenkäse, 1 Tomate, 1 dicke Scheibe Gurke, 1 EL Alfalfasprossen, etwas gehackte Petersilie und Schnittlauch, jodiertes Speisesalz, bunter Pfeffer

Zubereitungszeit: etwa 10 Minuten, Foto Seite 36/37

- Das Brot mit der Diätmargarine und dem Hüttenkäse bestreichen.
- Die Tomate und die Gurkenscheibe entkernen und in kleine Würfel schneiden. Auf dem Käse verteilen.
- Mit Sprossen und Kräutern garnieren und mit Salz und buntem Pfeffer würzen.

Gemüseaufstrich

1 Portion enthält:
64,1 Kilokalorien
4,9 g Eiweiß
3,2 g Fett
3,7 g Kohlenhydrate
1,6 g Ballaststoffe
0,2 g mF
0,9 g eF
1,9 g gF
9,3 mg Cholesterin

Zutaten für 1 Portion:
25 g Radieschen, 30 g Möhren, 5 g Zwiebeln, 30 g Magerquark, 10 g Schmand, jodiertes Speisesalz, Zitronensaft, Pfeffer

Zubereitungszeit: etwa 20 Minuten

- Radieschen und Möhren putzen, waschen und fein raffeln. Die Zwiebeln fein hacken.
- Quark und Schmand gut verrühren, das Gemüse daruntermengen und mit Salz, Zitronensaft und etwas Pfeffer würzen.
- Vor dem Servieren eine Stunde ziehen lassen.

Matjesaufstrich

1 Portion enthält:
174,2 Kilokalorien
12,3 g Eiweiß
12,2 g Fett
3,5 g Kohlenhydrate
0,3 g Ballaststoffe
4,4 g mF
4,7 g eF
2,1 g gF
43,5 mg Cholesterin

Zutaten für 1 Portion:
50 g Magerquark, 5 g Diät-Pflanzenöl, 30 g Matjesfilet, 10 g Gewürzgurke, 10 g Apfel mit Schale, 5 g Zwiebeln, jodiertes Speisesalz, Pfeffer

Zubereitungszeit: etwa 15 Minuten (ohne Einweichzeit)

- Den Quark mit dem Diät-Pflanzenöl gut verrühren.
- Alle festen Zutaten kleinwürfelig schneiden, dabei berücksichtigen, dass der Apfel mit der Schale verarbeitet wird.
- Nun alle Zutaten miteinander vermischen. Mit Salz und Pfeffer würzen.

Tipp

Beim Würzen vorsichtig sein, da das Matjesfilet sehr salzig ist. Wenn Sie es weniger salzig mögen, können Sie die Matjesfilets mit Wasser abspülen.

Rezept auf Seite 60

Herzhafte Mittagessen

Vegetarische, ballaststoffreiche Speisen mit viel Gemüse und Getreide sind eine gesunde, fett- und cholesterinarme Alternative zu Fleischgerichten. Sie enthalten wertvolle Phytosterine, die den Cholesterinspiegel wirksam senken. Probieren Sie neue, kreative Rezepte aus, die köstlich schmecken, ohne das Kalorienkonto unnötig zu belasten. Aromatische Kräuter sorgen für zusätzliche Vitamine und Mineralstoffe und verleihen den Gerichten eine pikante Würze, die übermäßiges Salzen überflüssig macht. Guten Appetit!

Roggenklößchensuppe

1 Portion enthält:
211 Kilokalorien
9,05 g Eiweiß
9,15 g Fett
22,7 g Kohlenhydrate
7,3 g Ballaststoffe
3,8 g mF
2,5 g eF
1,7 g gF
117 mg Cholesterin

Zutaten für 2 Portionen:
1 Ei, Pfeffer, Muskatnuss, jodiertes Speisesalz, 4 EL Roggen, fein gemahlen, Petersilie, 400 ml Gemüsebrühe, 50 g Zwiebeln, 1 EL Diät-Pflanzenöl, 100 g tiefgekühltes Suppengemüse

Zubereitungszeit: etwa 60 Minuten

- Das Ei mit den Gewürzen und dem Salz verquirlen. Das Roggenmehl unter Rühren dazugeben und etwa 30 Minuten ziehen lassen, bis eine dickliche Masse entsteht.
- Petersilie waschen, fein hacken und ebenso unterrühren.
- Mit zwei nassen Teelöffeln kleine Klößchen abstechen und in der kochenden Gemüsebrühe etwa 20 Minuten gar ziehen lassen.
- Danach die Klößchen abseihen, mit kaltem Wasser abschrecken und in ein Gefäß geben.
- Inzwischen Zwiebel schälen, waschen und fein hacken.
- In Öl goldbraun anrösten, das Tiefkühlgemüse hinzufügen und mit der Gemüsebrühe ablöschen, etwa 10 Minuten leicht köcheln lassen.
- Vor dem Servieren die Klößchen wieder beigeben.

Bunter Gemüseauflauf mit Maisgrieß

1 Portion enthält:
586 Kilokalorien
28,8 g Eiweiß
32,7 g Fett
43,3 g Kohlenhydrate
10,2 g Ballaststoffe
9,2 g mF
8,8 g eF
12,7 g gF
56,1 mg Cholesterin

Zutaten für 1 Portion:
30 g Möhren, 30 g Lauch, 30 g Blumenkohl, 30 g Kohlrabi, 30 g Zucchini, $^1/_4$ l Gemüsebrühe mit Hefe, 50 g Tomaten, 40 ml Tomatensaft, 30 g saure Sahne (10 % Fett), 50 g Maisgrieß, gehackte Petersilie, 3 EL heißes Wasser, 50 g geriebener Käse, 20 g Sonnenblumenkerne, jodiertes Speisesalz, Pfeffer, Diät-Pflanzenöl zum Ausstreichen der Form, 1 EL Semmelmehl

Zubereitungszeit: etwa 1 $^1/_4$ Stunden

- Gemüse waschen und kleinschneiden.
- Gemüsebrühe zum Kochen bringen, Gemüse darin sortenweise nacheinander bissfest garen, mit dem Schaumlöffel herausnehmen, kalt überbrausen, locker mischen.
- Tomaten blanchieren, häuten und in Viertel schneiden.
- Tomatensaft mit der sauren Sahne verrühren und zusammen mit den Tomaten zu dem Gemüse geben.
- $^1/_8$ l der verbliebenen Gemüsebrühe abmessen (nach Bedarf mit Wasser auffüllen), zum Kochen bringen, Maisgrieß unter Rühren einstreuen und kräftig aufkochen. Zur Seite ziehen, 15 Minuten ausquellen lassen.
- Petersilie waschen, trockenschwenken, grob hacken.
- Käse, saure Sahne und Petersilie darunterrühren. Mit dem Maisgrieß gut vermengen, Sonnenblumenkerne dazugeben, mit Salz und Pfeffer abschmecken.
- Eine Auflaufform fetten, die Hälfte der Maismasse gleichmäßig darin verteilen, 1 Esslöffel Semmelmehl darüberstreuen, Gemüse samt Tomaten und Sauce daraufgeben, mit der restlichen Maismasse abschließen.
- Den Auflauf im vorgeheizten Backofen bei 220 °C 50 Minuten backen.

Möhrensuppe mit Kresse

1 Portion enthält:
106,6 Kilokalorien
5,6 g Eiweiß
3,4 g Fett
2,7 g Kohlenhydrate
4,4 g Ballaststoffe
2,0 g mF
0,7 g eF
0,5 g gF
0,2 mg Cholesterin

Zutaten für 1 Portion:
40 g Karotten, 15 g Kartoffeln, 10 g Zwiebeln, 3 g Diätmargarine, jodiertes Speisesalz, Pfeffer, Muskatnuss, 150 ml Gemüsebrühe, 20 g Magerquark, Kresse

Zubereitungszeit: etwa 30 Minuten

- Möhren und Kartoffeln waschen, schälen und grob würfeln. Zwiebeln schälen, waschen, fein hacken.
- Gemüse und Kartoffeln in Diätmargarine anschwitzen und mit jodiertem Speisesalz, Pfeffer und Muskatnuss würzen.
- Gemüsebrühe aufkochen und das Gemüse darin gar kochen.
- Die Suppe pürieren, aufkochen und nochmals abschmecken.
- Suppe in eine Tassen füllen und mit Quark und Kresse garnieren.

Gazpacho (kalte Gemüsesuppe) mit würzigen Croûtons

1 Portion enthält:
235 Kilokalorien
6 g Eiweiß
11 g Fett
28 g Kohlenhydrate
6 g Ballaststoffe
7,2 g mF
2,1 g eF
1,7 g gF
0 mg Cholesterin

Zutaten für 4 Portionen:
150 g Toastbrot, 1 Knoblauchzehe, 4 EL Diät-Pflanzenöl, 750 g Fleischtomaten oder 1 Dose mit entsprechender Einwaage, 1 Salatgurke, 1 Zwiebel, jeweils 1 grüne, gelbe und rote Paprikaschote, 1 EL Weißweinessig, jodiertes Speisesalz, Pfeffer oder Tabasco

Zubereitungszeit: etwa 45 Minuten, Foto unten
Kühlzeit: etwa 60 Minuten

- 100 g Toastbrot grob würfeln. Die Brotwürfel mit der gepressten Knoblauchzehe und 3 EL Diät-Pflanzenöl vermengen und 30 Minuten ziehen lassen.
- Fleischtomaten blanchieren und enthäuten, den Stielansatz entfernen.
- Gurke, Zwiebel und Paprika putzen, jeweils $^1/_3$ der Menge in feine Würfel schneiden und für später kühl stellen. Den Rest grob würfeln, mit dem durchgezogenen Brot zu den Tomaten geben und alles fein pürieren.
- Gazpacho nach Belieben mit etwa $^1/_4$ Liter Wasser aufgießen, mit Essig, Salz sowie Pfeffer abschmecken und mindestens 1 Stunde kalt stellen.
- Restliches Toastbrot für die Croûtons eventuell entrinden, in kleine Würfel schneiden und bei geringer Hitzezufuhr in Diät-Pflanzenöl unter Wenden goldbraun braten.
- Die fertigen Croûtons nach Belieben etwas salzen und pfeffern. Gazpacho gut gekühlt mit dem gewürfelten Gemüse und den Croûtons servieren.

Tipp

Wer die Gazpacho etwas edler servieren möchte, kann sie nach dem Pürieren zusätzlich durch ein feines Sieb streichen.

Bandnudeln mit Spinat

1 Portion enthält:

323,2 Kilokalorien
11,9 g Eiweiß
14,2 g Fett
36,4 g Kohlenhydrate
6,4 g Ballaststoffe
6,5 g mF
3,6 g eF
3,2g gF
6,4 mg Cholesterin

Zutaten für 2 Portionen:
125 g feiner Blattspinat, $^1/_2$ Zwiebel, $^1/_2$ Knoblauchzehe, 50 g Vollkorn-Bandnudeln eifrei, 50 g Bandnudeln eifrei, 1 EL Diät-Pflanzenöl, 1 EL Pinienkerne, 100 ml fettarme Milch, 1 EL geriebenener Parmesan, jodiertes Speisesalz, Pfeffer

Zubereitungszeit: etwa 40 Minuten

- Den Spinat sorgfältig verlesen und unter fließendem Wasser gründlich waschen. Größere Blätter nach Belieben fein zerrupfen.
- Zwiebel und Knoblauch schälen, waschen und fein hacken.
- Für die Nudeln reichlich Salzwasser in einem großen Topf zum Kochen bringen. Zuerst für 5 Minuten die Vollkornteigwaren kochen, danach die restlichen Bandnudeln zufügen und bissfest kochen.
- Öl erhitzen, Zwiebel und Knoblauch darin anschwitzen. Den vorbereiteten Spinat und die Pinienkerne zugeben und kurz anrösten, bis der Spinat zusammenfällt. Milch zugeben, salzen und pfeffern, unter Rühren die Milch reduzieren lassen.
- Die Nudeln abgießen und gut abtropfen lassen.
- Zur Sauce beigeben, mit dem geriebenen Parmesan bestreuen und alle Zutaten gut miteinander vermengen.

Tipp

Statt frischem Spinat können Sie als feine Variante auch Mangold verwenden. Oder ganz einfach tiefgefrorenen Spinat nehmen.

Pasta e Fagioli

1 Portion enthält:

417 Kilokalorien
21,8 g Eiweiß
8,3 g Fett
60,6 g Kohlenhydrate
21,6 g Ballaststoffe
3,3 g mF
1,9 g eF
2,1 g gF
48,5 mg Cholesterin

Zutaten für 1 Portion:
50 g Kidney-Bohnen, 1 Lorbeerblatt, 1 Salbeiblatt, $^1/_2$ TL Diät-Pflanzenöl, 1 Schalotte, gehackt, $^1/_2$ in Würfel geschnittene Möhre, 125 g kleingeschnittenes Gemüse, je nach Jahreszeit, etwas Basilikum, Chilipulver, jodiertes Speisesalz, 250 ml heiße Gemüsebrühe, 60 g Vollkornteigwaren (keine Spaghetti), etwas Oregano, Knoblauch, Sojasauce zum Abschmecken, 1 EL geriebener Parmesan

Zubereitungszeit: etwa $1^1/_4$ Stunden

- Die Bohnen über Nacht einweichen.
- Am nächsten Tag das Einweichwasser wegschütten, die Bohnen spülen und in einen Topf geben, der groß genug ist, um alle Zutaten zu fassen. So viel frisches Wasser, dass die Bohnen gut bedeckt sind, sowie Lorbeer und Salbei beifügen. 1 Stunde weich kochen.
- Inzwischen in einer Bratpfanne die Gemüse im Öl kurz andünsten und zu den Bohnen geben. Wenn die Bohnen weich sind, mit Basilikum, Chilipulver und Salz würzen. Die heiße Gemüsebrühe beifügen und alles aufkochen.
- Die Teigwaren dazugeben und sorgfältig unterheben. Oregano und Knoblauch beifügen. Köcheln lassen, bis die Teigwaren »al dente« sind. Mit Sojasauce abschmecken.
- »Pasta e fagioli« wie eine Suppe in großen Portionsschalen anrichten und am Tisch den geriebenen Käse und eine Pfeffermühle dazu reichen.

Wirsing-Eintopf

1 Portion enthält:

375 Kilokalorien
14 g Eiweiß
22 g Fett
30 g Kohlenhydrate
14 g Ballaststoffe
14,3 g mF
4,7 g eF
3,0 g gF
0 mg Cholesterin

Zutaten für 2 Portionen:
125 g weiße Bohnen (Dose), 2 Frühlingszwiebeln, 1 Stange Staudensellerie, 1 EL Diät-Pflanzenöl, 750 ml Gemüsebrühe, 1 Zweig frischer Thymian, 2 mittelgroße Möhren, 200 g Wirsing, 3 EL Sonnenblumenkerne, jodiertes Speisesalz, Pfeffer, 60 g Vollkornbrot, 10 g *becel pro-activ* Diät-Halbfettmargarine

Zubereitungszeit: etwa 45 Minuten, Foto rechts

- Die Bohnen abspülen und abtropfen lassen.
- Zwiebel und Sellerie waschen, die Frühlingszwiebel in Ringe, die Knoblauchzehe in Würfel und die Staudensellerie in Scheiben schneiden, in Diät-Pflanzenöl anschwitzen.
- Mit der Gemüsebrühe ablöschen. Die Hälfte der Thymianblätter dazugeben und 10 Minuten bei niedriger Stufe kochen lassen.
- Möhren und Wirsing waschen, in große Stücke schneiden, zum Eintopf geben und weitere 15 Minuten köcheln lassen. Inzwischen die Sonnenblumenkerne ohne Fett in einer beschichteten Pfanne rösten, zusammen mit den Bohnen zum Eintopf geben. Mit Salz, Pfeffer und Thymian abschmecken. Zum Eintopf das mit *becel* Diätmargarine bestrichene Vollkornbrot servieren.

Tipp

Zu diesem Eintopf passen besonders gut Diät Wiener Würstchen.

Gefüllte Zwiebeln

1 Portion enthält:

255 Kilokalorien
10,7 g Eiweiß
13,6 g Fett
20,5 g Kohlenhydrate
9,1 g Ballaststoffe
5,8 g mF
3,1 g eF
3,9 g gF
8,3 mg Cholesterin

Zutaten für 1 Portion:
2–4 Zwiebeln, je nach Größe, 1 TL Diät-Pflanzenöl, 5 g getrocknete Steinpilze, 40 ml Gemüsebrühe, 70 g frische Pilze, z. B. Champignons, Majoran, Pfeffer, jodiertes Salz, Petersilie, gehackt, 1 TL Paniermehl, 2 TL geriebener Parmesan, 1–2 TL Weißwein, 1 TL Diätmargarine, 1 TL geriebener Parmesan

Zubereitungszeit: etwa 30 Minuten

- Auf der Oberseite der Zwiebeln einen Deckel wegschneiden, Zwiebel aushöhlen, das Innere und die Deckel an die Seite legen.
- Die ausgehöhlten Zwiebeln je nach Größe 2–5 Minuten, die Deckel 1 Minute in kochendem Salzwasser blanchieren, auskühlen lassen.
- Das ausgehöhlte Zwiebelfleisch fein hacken, einen Teil zugedeckt an die Seite stellen. Den anderen Teil in heißem Öl andünsten.
- Die Steinpilze zerbröckeln und in der Gemüsebrühe kurz einweichen, zu den gedämpften Zwiebeln geben und etwas einkochen. Die frischen Pilze dazureiben und mitdünsten, bis die Flüssigkeit eingekocht ist. Würzen und auskühlen lassen. Petersilie, Paniermehl und Parmesan zugeben, Zwiebeln damit füllen, Deckel auflegen und in eine gefettete ofenfeste Form stellen.
- Den Weißwein, restliche gehackte Zwiebeln und eventuell übrige Füllung in die Zwischenräume verteilen. Die Zwiebeln mit der geschmolzenen Margarine bepinseln, Parmesankäse darüberstreuen und ca. 15 Minuten im vorgeheiztem Backofen bei 200 °C gratinieren.

Tipp

Dazu passt eine Tomatensauce und ein knackiger grüner Salat.

Lauchtorte

1 Portion enthält:
359 Kilokalorien
18,6 g Eiweiß
18,0 g Fett
30,1 g Kohlenhydrate
8,3 g Ballaststoffe
6,3 g mF
5,0 g eF
5,0 g gF
193,0 mg Cholesterin

Zutaten für 4 Portionen:

Für den Quark-Öl-Teig:
75 g Magerquark, 2 EL fettarme Milch, 1 EL Diät-Pflanzenöl, 1 Ei, 150 g Weizenvollkornmehl, etwas Backpulver, 5 g Margarine für die Form

Für den Belag:
800 Lauch, 20 g Diät-Pflanzenöl, 2 Eier, 150 g saure Sahne (10 % Fett), jodiertes Speisesalz, Pfeffer, Muskatnuss, Curry

Zubereitungszeit: etwa 90 Minuten

- Für den Boden der Torte die angegebenen Zutaten zu einem Teig verarbeiten und 1 Stunde kühl stellen.
- In der Zwischenzeit den Lauch putzen, waschen und in 1 bis 2 cm breite Röllchen schneiden.
- Den Lauch in Diät-Pflanzenöl anschwitzen und bei geringer Hitze zugedeckt etwa 10 Minuten dünsten.
- Den Teig entsprechend einer runden Springform (∅ 26 cm) ausrollen und in die ausgefettete Form verteilen, den Lauch darauf gleichmäßig verteilen.
- Die Eier mit der sauren Sahne, den Gewürzen und dem jodierten Speisesalz verquirlen und über den Lauch gießen.
- Im vorgeheizten Backofen bei 200 °C etwa 45 Minuten backen.

Tipp
Dazu passt ein knackig frischer grüner oder gemischter Salat.

Lasagne mit Getreide- und Schafskäsefüllung

1 Portion enthält:

676 Kilokalorien
34,9 g Eiweiß
16,7 g Fett
92,7 g Kohlenhydrate
23,1 g Ballaststoffe
2,4 g mF
3,8 g eF
8,8 g gF
30,7 mg Cholesterin

Zutaten für 1 Portion:
5 Lasagneblätter, 1 Stange Lauch, 1 Möhre, 1 Paprikaschote, 1 Zwiebel, 1 Knoblauchzehe, $^1/_2$ Gemüsebrühwürfel, 50 g Schafskäse oder Feta-Käse, 50 g grober Grünkern- oder Weizenschrot, 1–2 EL Tomatenmark, Oregano, Majoran, Thymian, Pfeffer, jodiertes Speisesalz, 2 Tomaten (oder $^1/_2$ kleine Dose), 10 g geriebener Parmesankäse

Zubereitungszeit: etwa $1^1/_4$ Stunden

- Die Lasagneblätter in reichlich kochendem Salzwasser gar kochen, kalt abspülen, damit sie nicht verkleben, oder Lasagneblätter ohne Vorkochen nehmen.
- Die Gemüse waschen, putzen und in grobe Stücke schneiden. Die Zwiebel fein hacken, Knoblauch pressen.
- $^1/_8$ l Wasser zum Kochen bringen, den Gemüsebrühwürfel darin lösen und die Hälfte der Zwiebeln und Knoblauch darin bei geschlossenem Topf 5 Minuten kochen lassen. Restliches Gemüse zugeben und weitere 10 Minuten mit geschlossenem Deckel garen.
- Den Schafskäse in kleine Stücke zerteilen und unter die Gemüsemasse heben.
- Den Getreideschrot in die kochende Gemüsebrühe geben, 30 Minuten quellen lassen und mit Tomatenmark, Kräutern und den restlichen Zwiebeln kräftig würzen.
- Die Tomaten in Scheiben schneiden. Eine Auflaufform fetten. Eine Schicht Nudelblätter legen, darauf abwechselnd Gemüse, Nudeln und Getreide einschichten. Als oberstes die Nudelplatten mit Tomatenscheiben belegen.
- Mit dem Käse bestreuen und 30 Minuten bei 200 °C backen.

Tipp

Dazu passt ein frischer grüner Salat.

Gemüsepaella

1 Portion enthält:
460 Kilokalorien
18 g Eiweiß
20 g Fett
52 g Kohlenhydrate
10 g Ballaststoffe
8,9 g mF
6,3 g eF
4,8 g gF
421 mg Cholesterin

Zutaten für 1 Portion:
1 EL Diät-Pflanzenöl, 1 kleine Schalotte, etwas Knoblauch, 50 g Naturreis, 1/2 Briefchen Safranfäden, 150 ml Hühnerbrühe, 50 g Champignons, 50 g Zuckerschoten, 1/2 Möhre, 1 Frühlingszwiebel, 1/2 rote Paprika, 1 EL Weißwein, jodiertes Speisesalz, 1/4 Bund glatte Petersilie

Zubereitungszeit: etwa 90 Minuten, Foto unten

- Das Öl in einem kleinen Topf erhitzen. Die fein gehackte Schalotte und den zerdrückten Knoblauch darin dünsten. Reis hinzufügen und unter Rühren glasig werden lassen.
- Safran in der Hühnerbrühe auflösen, zum Reis geben. Den Reis zugedeckt etwa 20 Minuten quellen lassen.
- Inzwischen das Gemüse putzen, waschen und in mundgerechte, dekorative Stücke schneiden.
- Restliches Öl erhitzen, Gemüse darin 5 Minuten bei milder Hitze dünsten.
- Zusammen mit dem Wein, den Gewürzen, der gewaschenen und gehackten Petersilie unter den Reis heben, weitere 10 Minuten garen.

Asiatisches Pfannengericht

1 Portion enthält:

460 Kilokalorien
27 g Eiweiß
15 g Fett
54 g Kohlenhydrate
12 g Ballaststoffe
7,6 g mF
4,3 g eF
3,1 g gF
45 mg Cholesterin

Zutaten für 1 Portion:
75 g Schweinefilet, 1 EL Zitronensaft, etwas Knoblauch und frischer Ingwer, 1–2 EL Sojasauce, Cayennepfeffer, $^{1}/_{2}$ TL Sesam, 50 g Weißkohl, $^{1}/_{2}$ Möhre, $^{1}/_{2}$ Stange Lauch, 1 Stange Staudensellerie, $^{1}/_{4}$ rote Paprika, 50 g Basmati- oder Naturreis, 1 EL Diät-Pflanzenöl, $^{1}/_{4}$ TL Honig, 40 g Sojasprossen, jodiertes Speisesalz

Zubereitungszeit: etwa 60 Minuten, Foto Seite 46/47

- Fleisch in Streifen schneiden. Zitronensaft mit zerdrücktem Knoblauch, geriebenem Ingwer, Sojasauce sowie Cayennepfeffer mischen und das Fleisch darin 30 Minuten marinieren.
- Sesam in einer Pfanne ohne Fett rösten und beiseite stellen. Gemüse putzen und in Streifen oder Scheiben schneiden.
- Reis nach Packungsanweisung zubereiten.
- $^{1}/_{2}$ Esslöffel Öl in einer Pfanne erhitzen, das Fleisch ohne Marinade darin braten und beiseite stellen. Pfanne kurz mit Küchenpapier auswischen.
- Restliches Öl und Honig in der Pfanne karamelisieren, Weißkohl dazugeben und etwa 5 Minuten unter Rühren braten. Möhre, Lauch und Staudensellerie dazugeben und weitere 5 Minuten garen.
- Paprika und Sprossen zusammen mit dem Fleisch und der Marinade zugeben. Nach Geschmack etwas Wasser angießen und mit Ingwer, Honig, Cayennepfeffer und Salz abschmecken.

Gefüllte Paprikaschoten

1 Portion enthält:

309 Kilokalorien
10,1 g Eiweiß
14,1 g Fett
35,5 g Kohlenhydrate
6,6 g Ballaststoffe
5,5 g mF
3,2 g eF
4,3 g gF
11,3 mg Cholesterin

Zutaten für 2 Portionen:
2 rote oder gelbe Paprikaschoten, 60 g Frühlingszwiebeln, 10 g Diät-Pflanzenöl, 60 g Naturreis, 150 g Weißkohl, 70 g Maiskörner, 50 g Schafskäse, jodiertes Speisesalz, Petersilie, Pfeffer, Koriander

Für die Sauce:
$^{1}/_{2}$ Zwiebel, $^{1}/_{2}$ rote oder gelbe Paprikaschote, 5 g Diät-Pflanzenöl, 50 g Tomatenpüree, etwas Gemüsebrühe, jodiertes Speisesalz, Pfeffer

Zubereitungszeit: etwa 60 Minuten

- Paprikaschoten längs halbieren. Schoten von Rispen und Kernen befreien und waschen.
- Zwiebeln schälen, waschen, fein hacken und in Diät-Pflanzenöl anschwitzen, den Reis zugeben, kurz mitanrösten und mit 150 ml Wasser aufgießen. Den Reis 15 Minuten dünsten lassen.
- Weißkohl waschen und in Streifen schneiden, mit dem Mais und den Gewürzen unter den Reis mischen, weitere 10 Minuten den Reis ausdünsten lassen.
- Den Schafskäse würfeln, unter den fertig gekochten Reis mischen und die Masse in die Schoten einfüllen.
- Für die Sauce die gehackte Zwiebel und die gewürfelten Paprikaschoten in etwas Öl anschwitzen. Mit Tomatenpüree und nach Geschmack mit etwas Gemüsebrühe aufwerten. Mit jodiertem Speisesalz und Pfeffer abschmecken.
- Die gefüllten Paprikaschoten in die Sauce geben und etwa 25 Minuten bei schwacher Hitze garen.

Weißer und grüner Spargel mit Frühlingsvinaigrette

1 Portion enthält:

135 Kilokalorien
4 g Eiweiß
10 g Fett
7 g Kohlenhydrate
4 g Ballaststoffe
6,8 g mF
1,9 g eF
1,3 g gF
0 mg Cholesterin

Zutaten für 1 Portion:
125 g weißer Spargel, 125 g grüner Spargel, jodiertes Speisesalz, etwas Zucker und Zitronensaft, 30 g Zuckerschoten, 20 g Frühlingszwiebeln, 4 Radieschen, 3 EL Weißweinessig, 1 gehäufter EL Dijon-Senf, 1 EL Diät-Pflanzenöl, jodiertes Speisesalz, Pfeffer, frischer Estragon

Zubereitungszeit: etwa 60 Minuten, Foto rechts

- Weißen Spargel schälen, die Enden abschneiden, waschen und in siedendem Salzwasser mit etwas Zucker etwa 15 Minuten garen.
- Grünen Spargel waschen, das untere Drittel nur bei mehr als fingerdicken Stangen schälen, die Enden abschneiden. Den grünen Spargel knapp 10 Minuten in Zitronenwasser garen.
- Inzwischen die Zuckerschoten etwa 2 Minuten in Salzwasser blanchieren und mit kaltem Wasser abschrecken.
- Die Frühlingszwiebel und Radieschen putzen und waschen.
- Von den Frühlingszwiebeln 4 lange Blätter lösen und kurz durch kochendes Wasser ziehen.
- Den Rest der Frühlingszwiebeln in Ringe, die Radieschen in Stifte und die Zuckerschoten in Streifen schneiden.
- Essig mit Senf und den Gewürzen verrühren, das Öl unterschlagen. Vinaigrette mit fein gehacktem Estragon abschmecken und vorsichtig unter das Frühlingsgemüse mischen.
- Den Spargel portionsweise mit einem Frühlingszwiebel-Blatt bündeln und mit der Vinaigrette anrichten.

Tipp

Passende Beilagen sind beispielsweise Kartoffeln (Pell- oder Estragon-Kartoffeln). Außerdem kann geräucherter Schinken oder Lachs dazu gereicht werden.

Szegediner Fischpfanne

1 Portion enthält:
295 Kilokalorien
39,9 g Eiweiß
10,6 g Fett
6,7 g Kohlenhydrate
7,6 g Ballaststoffe
1,9 g mF
3,9 g eF
3,2 g gF
89,5 mg Cholesterin

Zutaten für 1 Portion:
150 g Schollenfilet, Zitronensaft, 20 g magerer Speck, 30 g Zwiebeln, 200 g Sauerkraut (Dose), 1 EL Tomatenmark, 3 EL Wasser, jodiertes Speisesalz, Pfeffer, Kümmel, Paprika rot, 50 g fettarmer Joghurt

Zubereitungszeit: etwa 40 Minuten

- Fischfilet waschen, in große Würfel schneiden und mit Zitronensaft beträufeln.
- Speck würfeln und trocken anrösten.
- Zwiebel schälen, fein hacken und mitrösten, danach Sauerkraut, Tomatenmark sowie Wasser dazugeben und etwa 15 Minuten dünsten.
- Mit jodiertem Speisesalz, Pfeffer, gemahlenem Kümmel und rotem Paprika würzen, die Fischwürfel darauflegen und zugedeckt noch weitere 15 Minuten auf niedriger Stufe garen. Abschließend den Joghurt vorsichtig unter die Masse ziehen.

Tipp

Als Beilage zur Fischpfanne passen sehr gut Pell- oder Salzkartoffeln.

Mangoldröllchen mit pikanter Möhren-Roggenfüllung

1 Portion enthält:
306 Kilokalorien
13,7 g Eiweiß
9,9 g Fett
38,5 g Kohlenhydrate
14,1 g Ballaststoffe
3,1 g mF
2,3 g eF
3,7 g gF
12,8 mg Cholesterin

Zutaten für 1 Portion:
200 g Mangold, 25 g Roggenschrot, 15 g Dinkelschrot, 80 ml Gemüsebrühe, 20 g Zwiebeln, gehackt, 10 g geriebener Käse, Pfeffer, Petersilie, 50 g Möhren, 30 g Sellerie, 20 g Zwiebeln, 5 g Diätmargarine, 5 g Weizenvollkornmehl, 100 ml Gemüsebrühe, 5 g Senf, jodiertes Speisesalz

Zubereitungszeit: etwa 1 Stunde

- Die Mangoldblätter entstielen und kurz in kochendes Salzwasser tauchen.
- Den Schrot in die kochende Gemüsebrühe einrühren und 30 Minuten quellen lassen. Unter die Getreidemasse die Zwiebel, den Käse und die Gewürze mischen, dann gut abschmecken.
- Die Möhren und den Sellerie hineinreiben, mit einem Löffel zwei Klöße abstechen und jeden in Mangoldblätter einhüllen. Die Rouladen in eine leicht gefettete feuerfeste Form setzen und im Ofen bei 200–220 °C 20–30 Minuten backen.
- Die Zwiebeln in Fett anrösten, Mehl einrühren, mit Brühe aufgießen, aufkochen und die Sauce mit Senf, Pfeffer und eventuell etwas Salz abschmecken.

Tipp
Nach Wunsch können Kartoffeln dazu gereicht werden.

Rezept auf Seite 78

Leichte Abendessen

Auch zum Tagesausklang sollte der Genuss nicht zu kurz kommen: Vitalstoffreiche vegetarische Aufstriche und Pasten sorgen für viel Geschmack und Abwechslung auf dem Teller, knackige bunte Salate mit gesundem Dressing liefern Vitamine, Ballaststoffe und wertvolle ein- und mehrfach ungesättigte Fettsäuren. Auch auf herzhafte Gerichte mit Schinken oder Fisch brauchen Sie nicht zu verzichten. Eine leckere Pfeffermakrele beispielsweise ist reich an Omega-3-Fettsäuren, die Ihrem Herzen und Ihren Blutgefäßen gut tun!

Käsesalat »Peppo«

1 Portion enthält:
387 Kilokalorien
25,3 g Eiweiß
26,6 g Fett
10,7 g Kohlenhydrate
5,7 g Ballaststoffe
4,2 g mF
7,5 g eF
3,4 g gF
63,0 mg Cholesterin

Zutaten für 1 Portion:
frisches gehacktes Bohnenkraut, jodiertes Speisesalz, Pfeffer, 1 EL Rotweinessig, 1 TL Diät-Pflanzenöl, 25 g weiße Bohnen, gekocht, 25 g rote Bohnen (Kidney), gekocht, $^1/_4$ grüne Paprika, in Streifen geschnitten, 70 g Emmentaler, in feine Streifen geschnitten, 2 schwarze Oliven, ein paar Salatblätter zu Anrichten

Zubereitungszeit: insgesamt 45 Minuten

- Aus den Gewürzen, dem Essig und dem Öl eine Salatsauce herstellen.
- Diese mit den anderen Zutaten mischen. Mindestens 30 Minuten ziehen lassen.
- Auf Salatblättern anrichten.

Fenchel-Orangen-Salat

1 Portion enthält:
191 Kilokalorien
5,5 g Eiweiß
10,9 g Fett
16,1 g Kohlenhydrate
4,0 g Ballaststoffe
5,5 g mF
2,4 g eF
2,4 g gF
8,8 mg Cholesterin

Zutaten für 1 Portion:
80 g Fenchel, 130 g Orangenfruchtfleisch, 20 g fettarmer Joghurt, 20 g saure Sahne (10 % Fett), 10 g Buttermilch, Zitronensaft, jodiertes Speisesalz, 5 g Diät-Pflanzenöl, 6 g Walnüsse gehackt, ein paar Salatblätter zu Anrichten

Zubereitungszeit: etwa 20 Minuten

- Den Fenchel putzen, waschen, vierteln und in dünne Streifen schneiden. Kurz überbrühen und erkalten lassen.

- Die Orangen schälen, filetieren und in Würfel schneiden. Mit dem Fenchel vermischen.
- Die Zutaten für die Marinade mischen und über das Fenchel-Orangen-Gemisch gießen.
- Vor dem Servieren $^1/_2$ Stunde ziehen lassen und mit gehackten Nüssen bestreuen.
- Den Fenchel-Orangen-Salat in einer kleinen Schale auf grünen Salatblättern anrichten.

Champignons mit Feigen auf Feldsalat

1 Portion enthält:

90,6 Kilokalorien
3,1 g Eiweiß
6,2 g Fett
5,5 g Kohlenhydrate
2,3 g Ballaststoffe
3,3 g mF
1,4 g eF
1,2 g gF
2,1 mg Cholesterin

Zutaten für 2 Portionen:
Zitronensaft, Pfeffer, 5 g Blütenhonig, 10 g Diät-Pflanzenöl, 100 g Champignons, 500 ml Wasser, Saft und Schale von $^1/_2$ Zitrone, 80 g Feldsalat, 60 g Feigen, 1 Knoblauchzehe, Petersilie, 1 TL geriebener Parmesan, jodiertes Speisesalz

Zubereitungszeit: etwa 30 Minuten

- Für die Sauce Zitronensaft, Pfeffer und Honig glattrühren, das Diät-Pflanzenöl zugeben.
- Die Champignons putzen, waschen und kurz in Zitronenwasser legen. Den Feldsalat putzen, waschen, trockenschleudern und auf einem Teller verteilen.
- Die Champignons und die gewaschenen Feigen in Scheiben schneiden und auf dem Feldsalat anrichten.
- Den Knoblauch und die Petersilie fein hacken. Beides mit dem Parmesan und der Zitronenschale vermischen.
- Die Sauce über den Salat verteilen, mit der Parmesanmischung bestreuen und sofort servieren.

Melone mit Azuki-Bohnen

1 Portion enthält:
179 Kilokalorien
9,0 g Eiweiß
1,4 g Fett
30,9 g Kohlenhydrate
5,9 g Ballaststoffe
0,4 g mF
0,3 g eF
0,5 g gF
2,0 mg Cholesterin

Zutaten für 1 Portion:
25 g Azuki-Bohnen, 40 g fettarmer Joghurt, Kardamompulver, Saft einer $^1/_2$ Zitrone, $^1/_2$ TL Honig, $^1/_4$ Melone

Zubereitungszeit: ohne Kochzeit der Bohnen etwa 15 Minuten

- Die Azuki-Bohnen über Nacht einweichen.
- Am nächsten Tag das Wasser abgießen, die Bohnen spülen und gut mit frischem Wasser bedeckt 1 bis $1^1/_2$ Stunden gar kochen. Etwas erkalten lassen, dann eventuell vorhandenes Kochwasser abschütten und die Bohnen spülen.
- In einer Schüssel Joghurt, Kardamom, Zitronensaft und Honig mit dem Schneebesen verrühren. Die Bohnen dazumischen.
- Die Melone entkernen, in mittelgroße Würfel schneiden und zu den anderen Zutaten mischen.
- Den Salat ganz erkalten lassen.

Brokkolisalat

1 Portion enthält:
130 Kilokalorien
5 g Eiweiß
11 g Fett
3 g Kohlenhydrate
4 g Ballaststoffe
6,9 g mF
2,8 g eF
1,3 g gF
0 mg Cholesterin

Zutaten für 2 Portionen:
300 g Brokkoli, 5 Champignons, 2 EL Diät-Pflanzenöl, 2 EL Estragonessig, 1 Löffelspitze Senf, jodiertes Speisesalz, Pfeffer, 2 Salatblätter zum Anrichten, 1 EL Mandelstifte

Zubereitungszeit: etwa 20 Minuten, Foto unten

- Den Brokkoli putzen und waschen, anschließend in kleine Röschen zerteilen und den Stiel kleinschneiden. Etwa 3 Minuten in Salzwasser blanchieren und in Eiswasser abschrecken.
- Champignons putzen, waschen, in Scheiben schneiden und mit 1 TL Diät-Pflanzenöl in einer beschichteten Pfanne rösten.
- Für das Dressing den Essig mit dem restlichen Diät-Pflanzenöl verrühren, mit Senf, Salz und Pfeffer würzen.
- Die Salatzutaten auf einem Teller anrichten, das Dressing darüber geben und mit den gerösteten Mandeln bestreuen.

Tipp

Dazu passt dunkles Vollkornbrot oder auch knuspriges Knäckebrot.

Auberginensalat

1 Portion enthält:

190 Kilokalorien
9,7 g Eiweiß
7,4 g Fett
19,7 g Kohlenhydrate
9,8 g Ballaststoffe
3,7 g mF
2,2 g eF
0,9 g gF
0,1 mg Cholesterin

Zutaten für 1 Portion:
25 g Soisson-Bohnen oder weiße Bohnen, 100 g Aubergine, Jodsalz, $^1/_2$ TL Olivenöl, 3 grüne Oliven

Für die Sauce:
1 kleine Tomate, in kleine Stücke geschnitten, 2 TL Rotweinessig, 1 kleine Knoblauchzehe, gepresst, $^1/_2$ TL Tomatenmark
$^1/_2$ TL Diät-Pflanzenöl, 1 TL Basilikum, fein gehackt, jodiertes Speisesalz, Pfeffer, einige Tropfen Tabascosauce

Zubereitungszeit: ohne Kochzeit der Bohnen etwa 30 Minuten

- Die Bohnen über Nacht einweichen.
- Am nächsten Tag das Einweichwasser wegschütten und die Bohnen mit frischem Wasser etwa 1 Stunde weich kochen. Falls noch Kochwasser übrigbleibt, dieses ohne Deckel einkochen.
- Inzwischen die Auberginen in 3 cm große Stücke schneiden, in eine Schüssel geben, das Salz daruntermischen und $^1/_2$ Stunde ziehen lassen. Trocken tupfen und im Olivenöl rundum braun braten.
- Für die Sauce Tomate, Essig, Wein, Knoblauch und Tomatenmark zusammen aufkochen und 15 bis 20 Minuten eindicken lassen.
- Mit dem Stabmixer pürieren oder durch ein Sieb streichen. Die übrigen Saucenzutaten beifügen.
- Bohnen, Oliven und Auberginen in eine Schüssel geben, mit der Sauce übergießen und alles sorgfältig mischen. Erkalten lassen.

Tipp

Ergibt eine feine Vorspeise oder zusammen mit einem Saisonsalat und Vollkornbrot eine leichte Sommermahlzeit.

Sauerkraut-Weißkohl-Salat mit Birne

1 Portion enthält:

98,7 Kilokalorien
7,6 g Eiweiß
2,9 g Fett
9,7 g Kohlenhydrate
5,5 g Ballaststoffe
0,9 g mF
1,2 g eF
0,5 g gF
0,3 mg Cholesterin

Zutaten für 1 Portion:
30 g Magerquark, 1 Messerspitze gemahlener Kümmel, 50 g Weißkohl, 40 g Birne, 30 g Lauch, 50 g Sauerkraut, jodiertes Speisesalz, Zitronensaft, 2 Walnusshälften

Zubereitungszeit: etwa 20 Minuten

- Quark mit Kümmel verrühren.
- Weißkohl waschen und grob reißen.
- Birne waschen, schälen und würfelig schneiden.
- Lauch waschen und in feine Streifen schneiden.
- Das Gemüse und die Birne mit dem abgeschmeckten Quark vermischen, mit Salz und Zitronensaft abschmecken und mit Walnusshälften garniert servieren.

Tipp

Diese Frischkost schmeckt auch mit anderen Obstarten sehr lecker! Statt Weißkohl können Sie auch Rotkohl verwenden.

Kichererbsenpaste

1 Portion enthält:

423 Kilokalorien
19 g Eiweiß
12,1 g Fett
56,8 g Kohlenhydrate
12,5 g Ballaststoffe
6,6 g mF
2,0 g eF
1,9 g gF
0 mg Cholesterin

Zutaten für 1 Portion:
100 g Kichererbsen, Wasser, Saft einer Zitrone, 1 TL Sesamsamen, 1/2 TL Diät-Pflanzenöl, jodiertes Speisesalz, 1 Knoblauchzehe, gepresst, 1 Prise Curry

Zubereitungszeit: ohne Kochzeit 10 Minuten, mit Kochzeit etwa 70 Minuten

- Die Kichererbsen über Nacht einweichen.
- Am nächsten Tag das Einweichwasser abgießen und durch so viel frisches Wasser ersetzen, dass die Erbsen damit bedeckt sind. Etwa 1 Stunde sehr weich kochen.
- Mit dem Sud durch das Passiergerät drehen oder mit dem Stabmixer pürieren.
- Die übrigen Zutaten zugeben und zu einer Paste verrühren.

Tipp

Als Aufstrich oder »Dip« mit schwarzen Oliven, Tomatenscheiben und Kräutern garniert servieren, beispielsweise zu rohen Gemüsestücken, Kräckern oder Brot, oder als Beilage auf dem Salatteller.

Handkäs' mit Musik

1 Portion enthält:
130 Kilokalorien
11 g Eiweiß
4 g Fett
17 g Kohlenhydrate
3 g Ballaststoffe
2,5 g mF
0,8 g eF
0,7 g gF
1 mg Cholesterin

Zutaten für 1 Portion:
1 Frühlingszwiebel, 50 g Harzer Käse, 1 TL Essig, 1 TL Wasser, 1 TL Diät-Pflanzenöl, Kümmel, Pfeffer, 1 Vollkornbrötchen, 1 TL Diätmargarine, halbfett, z. B. *becel pro-activ*

Zubereitungszeit: insgesamt 1 Stunde 10 Minuten, Foto unten

- Die Frühlingszwiebel putzen und waschen.
- Den Käse und die Frühlingszwiebel in Scheiben schneiden.
- Aus dem Essig, Wasser, Öl, Kümmel und Pfeffer ein Dressing anrühren, über die Käse-Zwiebel-Mischung geben und eine Stunde marinieren lassen.
- Das Brötchen halbieren, mit der Margarine bestreichen und zu dem Harzer essen.

Avocadocreme

1 Portion enthält:
145 Kilokalorien
1,5 g Eiweiß
15 g Fett
2,3 g Kohlenhydrate
2,0 g Ballaststoffe
1,9 g mF
9,8 g eF
2,7 g gF
2,8 mg Cholesterin

Zutaten für 4 Portionen:
1 mittelgroße, reife Avocado (etwa 200–250 g), 1 EL frischer Zitronensaft, 1 TL Diät-Pflanzenöl, 2 EL saure Sahne, frisch gemahlener Pfeffer, jodiertes Speisesalz, 1 Knoblauchzehe, zerdrückt, 2 EL Zwiebeln, feingehackt, 1 Spritzer Tabasco

Zubereitungszeit: etwa 15 Minuten

- Avocado halbieren, Kern entfernen, schälen und mit einer Gabel das Fruchtfleisch zerdrücken.
- Die restlichen Zutaten untermischen und zu einer glatten Masse rühren.

Tipp
Die Creme sollte erst kurz vor Gebrauch zubereitet werden.

Rote-Linsen-Pâte

1 Portion enthält:
89 Kilokalorien
5,0 g Eiweiß
2,8 g Fett
10,4 g Kohlenhydrate
2,4 g Ballaststoffe
0,2 g mF
0,8 g eF
1,6 g gF
9,3 mg Cholesterin

Zutaten für 1 Portion:
50 g rote Linsen, 100 ml Wasser, Majoran, 1 kleines Lorbeerblatt, 1 Gewürznelke, 1 kleine gehackte Zwiebel, jodiertes Speisesalz, 1 TL Sojasauce, Rosenpaprika, schwarzer Pfeffer aus der Mühle, 25 ml saure Sahne (10 % Fett)

Zubereitungszeit: etwa 30 Minuten (ohne Kühlzeit)

- Die Linsen waschen und gut abtropfen lassen. Mit dem Wasser, Majoran, Lorbeer, der Gewürznelke und den Zwiebeln in einen Topf geben und 10 bis 15 Minuten ohne Deckel weich kochen.
- Mit den übrigen Zutaten (außer der Sahne) kräftig würzen und nochmals 5 Minuten kochen.
- Lorbeerblatt und Gewürznelke entfernen und die Linsen mit dem Stabmixer pürieren oder durchs Passiergerät drehen.
- Erkalten lassen. Die Sahne unter die Linsen ziehen

Tipp

Die Pâte kann in einem Schälchen als Aufstrich oder Tunke serviert oder auf flachem Teller angerichtet werden. Dazu passen rohe oder gedämpfte Gemüsestücke und Vollkornknäcker.

Sprossenaufstrich

1 Portion enthält:
77 Kilokalorien
2,2 g Eiweiß
6,2 g Fett
3,2 g Kohlenhydrate
1,2 g Ballaststoffe
2,4 g mF
1,5 g eF
1,9 g gF
0,5 mg Cholesterin

Zutaten für 4 Portionen:
3 EL Alfalfagrün, 2 EL Weizensprossen, 1 EL Rettich- oder Senfsprossen, 1 Tomate, fein gehackte Petersilie, 50 g weiche Diätmargarine, halbfett, 1 EL Hefeflocken, jodiertes Kräutersalz

Zubereitungszeit: etwa 15 Minuten

- Das Alfalfagrün und die Sprossen gut durchspülen und abtropfen lassen.
- Die Tomate waschen und würfeln.
- Die Sprossen mit der Tomate und der Petersilie unter die schaumig gerührte Margarine mischen und mit Hefeflocken und Kräutersalz abschmecken.

Holsteiner Schinkenschnitte

1 Portion enthält:
140 Kilokalorien
7 g Eiweiß
3 g Fett
22 g Kohlenhydrate
2 g Ballaststoffe
1,2 g mF
1,0 g eF
0,8 g gF
10 mg Cholesterin

Zutaten für 1 Portion:
1 Scheibe Graubrot, 1 TL Diätmargarine, halbfett, 2 dünne Scheiben Katenschinken, einige Salatgurkenscheiben, 1 Radieschen, bunter Pfeffer, etwas gehackte Petersilie

Zubereitungszeit: etwa 10 Minuten, Foto rechts

- Das Brot mit der Margarine bestreichen und den Schinken darauf legen.
- Die Gurkenscheiben auf dem Schinken verteilen und mit kleingeschnittenem Radieschen, gemahlenem buntem Pfeffer und der Petersilie dekorieren.

Pfeffermakrele auf Schwarzbrot

1 Portion enthält:
225 Kilokalorien
15 g Eiweiß
10 g Fett
19 g Kohlenhydrate
4 g Ballaststoffe
3,5 g mF
3,9 g eF
2,6 g gF
47 mg Cholesterin

Zutaten für 1 Portion:
1 Scheibe Schwarzbrot, 1 TL Diätmargarine, halbfett, 1 Salatblatt, 60 g geräucherte Pfeffermakrele, etwas gehackter Dill

Zubereitungszeit: etwa 10 Minuten, Foto Seite 66/67

- Das Brot mit der Margarine bestreichen, zuerst das Salatblatt, dann die Makrele darauf legen.
- Mit gehacktem Dill garnieren.

Fenchelgratin mit Kräuterkruste

1 Portion enthält:
217 Kilokalorien
16,5 g Eiweiß
10,5 g Fett
13,2 g Kohlenhydrate
10,2 g Ballaststoffe
3,7 g mF
2,5 g eF
3,5 g gF
10,3 mg Cholesterin

Zutaten für 2 Portionen:
2 Fenchelknollen (je 150 g), 125 ml Gemüsebrühe, 1 Knoblauchzehe, 50 g Zwiebeln, 10 g Diät-Pflanzenöl, 4 Tomaten, jodiertes Speisesalz, Pfeffer, 1 Bund frische Kräuter, Diätmargarine zum Ausfetten, 1 EL Weizenvollkornschrot, eingeweicht, 25 g geriebener Parmesan, Zitronenschale

Zubereitungszeit: etwa 60 Minuten

- Fenchelknollen putzen, waschen, halbieren und in der Gemüsebrühe bissfest kochen.
- Knoblauchzehe und Zwiebel fein hacken und in Öl anschwitzen.
- Die Tomaten blanchieren, enthäuten, würfeln und zu den Zwiebeln geben.
- Die Sauce salzen und pfeffern, mit einem Teil der gehackten Kräuter würzen, durch leichtes köcheln auf die Hälfte reduzieren.
- Eine Form mit Diätmargarine ausfetten, die Fenchelknollen hineinlegen und mit der Tomatensauce übergießen. Weizenvollkornschrot mit den restlichen Kräutern, Käse und Zitronenschale vermengen und über den Fenchel verteilen. Mit Margarineflöckchen besetzen.
- Im vorgeheizten Backofen bei 220 °C etwa 15 Minuten gratinieren.

Grünkern-Kohlrouladen

1 Portion enthält:

236,5 Kilokalorien
10,2 g Eiweiß
1,8 g Fett
43,6 g Kohlenhydrate
11,7 g Ballaststoffe
0,8 g mF
0,2 g eF
0,3 g gF
0,1 mg Cholesterin

Zutaten für 1 Portion:
120 g Möhren, 80 ml Gemüsebrühe, 40 g Grünkern, mittelgrob geschrotet, jodiertes Speisesalz, Pfeffer, Kümmel, Thymian, Oregano, Basilikum, 2 Weißkohlblätter, 125 ml Gemüsebrühe, $^1/_2$ EL Weizenvollkornmehl, $^1/_2$ EL Magerquark

Zubereitungszeit: etwa 60 Minuten

- Geschälte Möhren in feine Würfel schneiden oder grob raffeln.
- Gemüsebrühe zum Kochen bringen, Grünkernschrot und Möhrenwürfel einrühren, aufkochen und unter Rühren 5 Minuten köcheln lassen.
- Salz, Pfeffer, Kümmel, Thymian, Oregano und Basilikum zugeben, 10–20 Minuten nachquellen lassen und abschmecken.
- Weißkohlblätter in der Gemüsebrühe blanchieren, mit der Grünkernmasse belegen und aufrollen.
- In eine Auflaufform mit etwas Gemüsebrühe geben und im Backofen bei 180 °C etwa 30 Minuten garen.
- Garflüssigkeit aus der Auflaufform abgießen, mit Vollkornmehl verrühren, aufkochen, Quark zugeben und abschmecken. Kohlrouladen mit einer Joghurt-Kräuter-Sauce servieren.

Tipp

Je nach Jahreszeit passt hierzu auch eine Tomaten-, Rote-Bete- oder Zwiebelsauce.

Rezept auf Seite 86

Süße Köstlichkeiten für zwischendurch

Auch im Rahmen einer herz- und gefäßgesunden Ernährung dürfen Sie sich gelegentlich eine süße Verführung gönnen. Eine leckere Zwischenmahlzeit – beispielsweise ein fruchtiger Apfel-Quark-Auflauf oder eine knusprige Joghurt-Müsli-Schnitte – sorgt für den nötigen Energieschub zwischendurch. Mit wertvoller Diätmargarine zubereitet, sind die süßen Snacks eine Wohltat für Herz und Gefäße.

Apfelkuchen mit Guss

Bei 24 Stück pro Stück:
161 Kilokalorien
2,3 g Eiweiß
2,5 g Fett
15,3 g Kohlenhydrate
2,2 g Ballaststoffe
0,8 g mF
0,6 g eF
0,9 g gF
3,9 mg Cholesterin

Zutaten für ein Blech:

Teig:
175 g kaltes Wasser, 25 g Hefe, 1 TL jodiertes Speisesalz, 300 g Weizenvollkornmehl, 2 EL lauwarme Diätmargarine

Belag:
250 g saure Sahne (10 % Fett), 60 g Zucker, etwas geriebene Zitronenschale, etwas Zimt, 900 g Äpfel, entkernt mit Schale, Zitronensaft

Zubereitungszeit: etwa 1 Stunde

- Für den Hefeteig Wasser, Hefe, Salz, Mehl und Fett in die Küchenmaschine oder Rührschüssel geben und 8 Minuten kneten. Dann mit einem feuchten Tuch abdecken und an einem warmen Platz 20 Minuten gehen lassen. Das Blech gut einfetten.
- Für den Guss saure Sahne, Zucker, Zitronenschale und Zimt verrühren.
- Den Hefeteig kurz durchkneten und auf die Größe des Blechs ausrollen. Einen kleinen Rand hochziehen.
- Die Äpfel in gleich große Spalten schneiden, diese schuppenförmig auf dem Teig anordnen und mit Zitronensaft beträufeln.
- Den Guss gleichmäßig über die Äpfel verteilen.
- Den Kuchen im vorgeheizten Backofen bei 180–200 °C 45 Minuten backen. Wird die Oberfläche zu dunkel, den Kuchen die letzten 15 Minuten mit Pergamentpapier abdecken.
- Auf einem Kuchengitter auskühlen lassen und in 24 gleich große Stücke schneiden.

Fruchtwähe

1 Stück von 16 enthält:
137 Kilokalorien
2,6 g Eiweiß
5,0 g Fett
20,1 g Kohlenhydrate
1,9 g Ballaststoffe
2,5 g mF
1,0 g eF
1,2 g gF
0,5 mg Cholesterin

Zutaten für den Teig:
180 g Weizenvollkornmehl, 90 g Zucker, 90 g Diätmargarine, Zitronenschale, jodieres Speisesalz

Für den Belag:
750 g Obst, z. B. Äpfel, Birnen oder Zwetschgen, 100 g Magerquark, 100 ml fettarme Milch, Zucker nach Belieben, etwas Vanillemark, 10 g Kartoffelstärke

Zubereitungszeit: etwa 1 Stunde (ohne Kühlzeit)

- Alle Zutaten zügig zu einem geschmeidigen Teig verarbeiten, ca. 1 Stunde kühl stellen.
- Teig dünn ausrollen und eine gefettete Kuchenform (28–30 cm ∅) damit belegen. Den Boden mehrmals mit einer Gabel einstechen.
- Obst waschen, entkernen und in feine Schnitze schneiden, gleichmäßig auf dem Kuchenboden verteilen.
- Aus den restlichen Zutaten einen Guss herstellen und diesen über das Obst geben.
- Im vorgeheizten Backofen bei 180 °C ca. 30–40 Minuten auf der untersten Schiene backen.

Rübli-Muffins

1 Portion enthält:
250 Kilokalorien
5 g Eiweiß
11 g Fett
33 g Kohlenhydrate
4,3 g Ballaststoffe
4,3 g mF
3,5 g eF
3,2 g gF
19 mg Cholesterin

Zutaten für 12 Stück:
100 g Diätmargarine, 200 g geraspelte Möhren, 50 g Haselnüsse, zur Hälfte gemahlen und geschnitten, 1 Ei, 150 g brauner Zucker, 375 ml Buttermilch, 1 EL Zitronensaft, 170 g Weizenmehl, 150 g Weizenvollkornmehl, 2 TL Backpulver, etwas Ingwer, Diätmargarine zum Einfetten

Außerdem:
eine Muffin-Form

Zubereitungszeit: etwa 60 Minuten, Foto Seite 82/83

- Diätmargarine schmelzen.
- Karotten schälen, waschen und fein raspeln.
- Etwas Haselnüsse in Scheiben schneiden, zum späteren Bestreuen beiseite geben.
- Das Ei verquirlen, braunen Zucker, flüssige Diätmargarine, Buttermilch, Zitronensaft und Karotten gut vermischen. Mehl, Vollkornmehl, Backpulver, Ingwer und Haselnüsse mischen, hinzufügen und vorsichtig unterheben.
- Die Muffin-Form einfetten, den Teig einfüllen und im vorgeheizten Backofen bei 200 °C auf der mittleren Schiene etwa 35 Minuten backen.
- Muffins noch 5 Minuten ruhen lassen, aus der Form lösen und auf einem Kuchengitter auskühlen lassen. Nach Belieben mit den restlichen Haselnüssen bestreuen.

Joghurt-Müsli-Schnitte

1 Portion enthält:
447,4 Kilokalorien
11,6 g Eiweiß
13,5 g Fett
67,5 g Kohlenhydrate
3,3 g Ballaststoffe
1,3 g mF
4,4 g eF
6,5 g gF
163,5 mg Cholesterin

Zutaten für 8 Portionen:
6 Eier, 250 g Puderzucker, 100 g Weizenmehl, 200 g Weizenvollkornmehl, etwas Backpulver, etwas Wasser, 80 g Müslimischung ohne Zuckerzusatz, 500 g fettarmer Joghurt, 250 g Heidelbeerjoghurt fettarm, 80 g Puderzucker, Zitronensaft, 8 g Vanillezucker, 20 g Rum, 50 g Aprikosenkonfitüre, 250 g Sahne, 9 Blatt Gelatine

Zubereitungszeit: etwa 90 Minuten

- Einen Biskuitteig herstellen: Eier trennen, Zucker mit Eigelb schaumig rühren, Schnee schlagen. In die Zucker-Eigelb-Masse abwechselnd den Schnee und das Mehl mit etwas Backpulver unterheben. Bei Bedarf etwas Wasser zugeben.
- Den Teig auf ein gefettetes, bemehltes Blech streichen und bei 180 °C etwa 15 bis 20 Minuten backen.
- Für die Joghurtmasse: Müsli zum Quellen in den Joghurt einrühren. Anschließend den Joghurt mit dem Zucker und den Geschmackszutaten verrühren.
- Den ausgekühlten Biskuit mit der Konfitüre bestreichen.
- Die Sahne schlagen. Gelatineblätter in etwas Wasser bei niedriger Temperatur auf der Herdplatte auflösen und zuerst mit ein paar Löffeln Joghurt vermengen. Dann erst die ganze Gelatine unter die Joghurtmasse unter ständigem Rühren verteilen und die Sahne vorsichtig unterheben.
- Die Masse 10 Minuten abkühlen lassen und anschließend gleichmäßig auf den Biskuit verteilen.
- Vor dem Servieren die Joghurt-Müsli-Schnitte eine Stunde in den Kühlraum stellen.

Tipp
Aus Schnitten lassen sich auch Tortenecken zaubern, wenn Sie eine große runde Form zum Backen verwenden.

Apfel-Quark-Auflauf

1 Portion enthält:
192,3 Kilokalorien
9,1 g Eiweiß
7,7 g Fett
20,7 g Kohlenhydrate
1,6 g Ballaststoffe
4,0 g mF
2,4 g eF
0,9 g gF
0,6 mg Cholesterin

Zutaten für 10 Portionen:
600 g Äpfel, 100 g Zucker, Zitronensaft, etwas Diätmargarine für die Form, 500 g Magerquark, 60 g Diätmargarine, 10 g Rum, 4 Eiweiß, jodiertes Speisesalz, 10 g Hafermark, 15 g Weizenvollkornmehl, 20 g Haselnüsse zum Bestreuen

Zubereitungszeit: etwa 90 Minuten

- Äpfel schälen, entkernen, waschen und in größere dünnere Scheiben schneiden. Diese mit 2 EL Zucker vermengen, mit Zitronensaft beträufeln und in eine gefettete Auflaufform füllen.
- Magerquark mit Margarine, Rum und Zitronensaft cremig rühren.
- Eiklar mit restlichem Zucker und einer Prise jodiertem Speisesalz zu einem steifen Schnee schlagen, zusammen mit dem Hafermark und dem Mehl unter die Quarkmasse heben.
- Die Masse auf den Äpfeln verteilen, glattstreichen und mit den geriebenen Haselnüssen bestreuen.
- Im vorgeheizten Backofen bei 200 °C etwa 50 Minuten backen.

Tipp
Gut dazu passt eine Waldfruchtsauce.

Tropischer Fruchtcocktail

1 Portion enthält:

269 Kilokalorien
3,4 g Eiweiß
1,6 g Fett
55,8 g Kohlenhydrate
11,7 g Ballaststoffe
0,6 g mF
0,4 g eF
0,3 g gF
0,0 mg Cholesterin

Zutaten für 4 Portionen:
400 g frische Erdbeeren, 1 Mango (etwa 500 g), 3 Kiwis, 1 mittelgroße Banane, 1 Ananas (etwa 500 g), 200 g Johannisbeeren, Saft von 1 Zitrone, 1 EL Honig

Zubereitungszeit: etwa 30 Minuten

- Erdbeeren putzen, waschen und halbieren.
- Die Mango vom Stielende her mit einem Sparschäler schälen, das Fruchtfleisch rund um den Stein mit einem Messer ablösen und in mundgerechte Stücke schneiden.
- Kiwis schälen, halbieren, den Strunk herausschneiden und in dünne Scheiben schneiden.
- Die Banane schälen und schräg in Scheiben schneiden.
- Von der Ananas oben das Grün und unten eine 2 cm dicke Scheibe abschneiden. Die Ananas aufstellen und die Schale in breiten Streifen abschälen. Verbliebene Schalenteile mit einem Messer entfernen. Die Frucht längs vierteln, die harte Mitte herausschneiden, das Fruchtfleisch würfeln.
- Die Johannisbeeren von den Stielen entfernen und waschen. Das Obst in der Reihenfolge Ananas/Erdbeeren/Banane/Kiwi/Mango in eine runde Schale einschichten, die Johannisbeeren oben platzieren.
- Zitrone mit Honig vermengen und über den Cocktail gießen.

Tipp

Für eine erfrischende Sauce kann auch Joghurt verwendet werden.

Service

Hier finden Sie Anschriften verschiedener Institutionen, Firmen und Verbände, an die Sie und Ihre Angehörigen sich wenden können, wenn Sie Fragen zu Ihrer Krankheit haben. Bei vielen Organisationen können Sie kostenlos Informationen anfordern. Wir liefern zudem Literaturtipps und informieren Sie über Bücher, die sich mit dem Themenbereich Herz-Kreislauf-Erkrankungen und insbesondere Herzinfarkt befassen.

Adressen und Infos

Gütegemeinschaft Diät und Vollkost (GDV) e.V.,
Frau Nadine Balzani, Moorenstraße 80, 40225 Düsseldorf,
Tel.: (0211) 333985, Fax: (0211) 317691.
Bei der Gütegemeinschaft Diätverpflegung erhalten Sie ein Verzeichnis der Restaurants, Hotels, Krankenhäuser und Sanatorien, die diätgerechte Speisen, eine darmgesunde Ernährung mit reichlich Ballaststoffen sowie Diät- und Ernährungsberatung durch qualifiziertes Fachpersonal anbieten.

Ernährungsmedizinische Beratung:
Deutsches Institut für Ernährungsmedizin und Diätetik (D.I.E.T.),
Frau Birgit Junghans und Frau Klaudia Hörist, Kurbrunnenstraße 5, 52066 Bad Aachen, Tel: (0241) 6080830,
Fax: (0241) 6080834, E-Mail: info@diet-aachen.de,
Internet: www.diet-aachen.de

Verband für Ernährung und Diätetik (VFED) e.V.,
Morillenhang 27, 52074 Aachen,
Tel.: (0241) 507300, Fax: (0241) 507311,
Internet: www.vfed.de, E-Mail: info@vfed.de.
Der VFED gibt verschiedene Broschüren zur richtigen Ernährung heraus. Hier erhalten Sie auch Adressen von qualifizierten Diät- und Ernährungsberatern in Ihrer Umgebung. Für weitere Informationen steht Ihnen Diätassistentin Esther Linker, Am Talacker 32a, 61137 Schöneck, Tel.: (06187) 8637, zur Verfügung.

Verband der Diätassistenten - Deutscher Bundesverband e.V., Bismarckstraße 96, 40210 Düsseldorf, Tel: (0211) 162175, Fax: (0211) 357389, Internet: www.vdd.de, E-Mail: vdd-duesseldorf@t-online.de

Verband der Diplom Oecotrophologen e.V., Giershausener Weg 15a, 50767 Köln, Tel: (0221) 799343, Fax: (0221) 799401, Internet: www.vdoe.de, E-Mail: vdoe@netcologne.de
Der Verband der Diplom Oecotrophologen (Oecotrophologie: Haushaltswissenschaft und Ernährungswissenschaft) ist der Berufsverband dieser Berufsgruppe. Beim VDO e.V. erhalten Sie die Adressen und Telefonnummern von freiberuflich tätigen Diplom Oecotrophologen, falls Sie eine individuelle ernährungswissenschaftliche Beratung wünschen. Der VDD e.V. ist der Berufsverband der Diätassistenten.

Reformhaus Information, Waldstraße 6, 61440 Oberursel, Tel: (06172) 3003333, Fax: (06172) 3003303, Internet: www.Reformhaus.de, E-Mail: f.eckhardt@neuform.de

Deutsche Liga zur Bekämpfung des hohen Blutdrucks e.V. (Hochdruckliga), Berliner Straße 46, 69120 Heidelberg, Tel.: (06221) 411774; Folgende Broschüren sind gegen eine Unkostenbeitrag erhältlich:

- Empfehlungen für die Selbstmessung des Blutdrucks
- Hypertonie und Sport
- Übergewicht und Hochdruck
- Alkohol und Bluthochdruck
- Empfehlungen für die Ernährung bei hohem Blutdruck
- Blutdruck-Pass
- »Bluthochdruck – Empfehlungen für Betroffene«
- Druckpunkt – Zeitschrift der Hochdruckliga (Jahresabo 25,00 DM)
- CD-ROM »Bluthochdruck ... da kann ich doch was tun!«

Das Herz-Kreislauf-Telefon der Hochdruckliga ist werktags von 9.00 bis 17.00 Uhr für Sie unter (06221) 474800 geschaltet.

Die *GEK Gmünder ErsatzKasse* gibt eine Reihe von Broschüren heraus, die kostenlos in den Geschäftsstellen erhältlich sind oder auf Anforderung kostenlos versandt werden. GEK Gmünder Ersatz-Kasse, Hauptverwaltung, Gesundheitsförderung, Gottlieb-Daimler-Str. 19, 73521 Schwäbisch Gmünd, Internet: www.gek.de, E-Mail: info@gek.de

- Herz und Kreislauf gesund halten
- Diabetes mellitus
- Aktiv gegen hohe Blutfette

Die *Nationale Kontakt- und Informationsstelle Selbsthilfegruppen* vermittelt Ihnen kostenlos Selbsthilfegruppen in Ihrer Nähe. NAKOS, Albrecht-Achille-Straße 65, 10709 Berlin, Tel.: (030) 8914019, Fax: (030) 8934014

ZDF Redaktion Gesundheit und Natur, Postfach 4040, 55100 Mainz.
Die Broschüre Cholesterin & Co ist kostenlos erhältlich.

Deutsche Herzstiftung, Vogtstr. 50, 60322 Frankfurt/Main, Tel.: (069) 955128–0, Internet: www.herzstiftung.de, E-Mail: herzstiftung@compuserve.com

Deutsche Gesellschaft für Prävention und Rehabilitation von Herz-Kreislauf-Erkrankungen e.V., Friedrich-Ebert-Ring 38, 56068 Koblenz, Tel.: (0261) 309231

Bürgertelefon des Bundesministeriums für Gesundheit, Tel.: (0800) 1919190 - Kostenfreie Rufnummer Mo. bis Do. von 8.00 bis 20.00 Uhr: Beratung rund um die Pflegeversicherung

Deutsche Liga zur Bekämpfung von Gefäßerkrankungen e.V., Postfach 4038, 69254 Marlsch bei Heidelberg, Tel.: (07253) 26228, Fax: (07253) 278160

Deutsche Gesellschaft zur Bekämpfung von Fettstoffwechselstörungen und ihren Folgeerkrankungen (Lipid-Liga) e.V., Waldklausenweg 20, 81377 München, Tel.: (089) 7191001

Deutscher Diabetikerbund e.V., Bundesgeschäftsstelle, Danzigerweg 1, 58511 Lüdenscheid, Tel.: (02351) 989153

Für Leser in Österreich:
Ludwig-Boltzmann-Institut für Neurorehabilitation und -prophylaxe, Landes-Nervenkrankenhaus Valduna,
A-6830 Rankweil (Vorarlberg)

Buchtipps

Klepzig, H.: *Das kranke Herz. Informationen und Rat für Betroffene.* TRIAS 1997
Müller, S.-D.: *Genussvoll essen bei Diabetes,* Midena Verlag 1998
Müller, S.-D.: *Backen mit Genuss bei Diabetes.* Midena Verlag 2000
Müller, S.-D.: *Genussvoll essen bei Gicht.* Midena Verlag 1999
Stiftung Warentest (Hrsg.): *Handbuch Herz und Kreislauf. Vorbeugen – Erkennen – Behandeln,* Berlin 1996
Undeutsch, K. / Brax, Lena: *Gut leben nach dem Herzinfarkt.* TRIAS Verlag 1998
Undeutsch, K.: *Schnell informiert bei Bluthochdruck. 82 Antworten auf die häufigsten Fragen.* TRIAS Verlag 1998
Vollmer, H.: *Herzinfarkt und Schlaganfall. Vorbeugung, Diagnose, Therapie.* Ehrenwirth 1995
Wolfram, G. / Vogel, G.E.: *Abwechslungsreiche Diät bei zu hohem Cholesterinspiegel.* TRIAS Verlag

Informationen, Tipps und Hilfen gibt es auch im Internet:

www.Schlaganfall-Hilfe.de
www.diet-aachen.de (ernährungsmedizinische Beratung)
www.vfed.de (Informationen zur gesunden Ernährung)
www.paritaet.org/hochdruckliga (Bluthochdruck-Informationen)
www.dgpr.de (Herz-Kreislauf-Informationen)
www.herzstiftung.de (Herzinfarkt-Informationen)
www.lipid-liga.de (Informationen zu erhöhten Blutfettwerten)

Verzeichnis der Rezepte

Die Autoren

Sven-David Müller ist als Diätassistent und Diabetesberater der Deutschen Diabetes Gesellschaft 1. Vorsitzender des Verbandes für Ernährung und Diätetik (VFED) e.V. in Aachen. Der bekannte Ernährungsexperte ist Geschäftsführer und Sprecher des Deutschen Instituts für Ernährungsmedizin und Diätetik in Aachen. Er hat bereits sieben Ernährungsratgeber im Midena Verlag herausgegeben. Birgit Bahnsen ist Diätassistentin, Diätküchenleiterin sowie Ernährungsberaterin und arbeitet am Deutschen Institut für Ernährungsmedizin und Diätetik in Aachen. Klaudia Hörist ist Diplom-Diätassistentin und arbeitet als ernährungsmedizinische Beraterin am Deutschen Institut für Ernährungsmedizin und Diätetik in Aachen.

Wichtiger Hinweis

Die im Buch veröffentlichten Ratschläge wurden mit größter Sorgfalt vom Verfasser, den Verfasserinnen und vom Verlag erarbeitet und geprüft. Eine Garantie kann jedoch nicht übernommen werden. Ebenso ist eine Haftung der Verfasser bzw. des Verlages und seiner Beauftragten für Personen-, Sach- oder Vermögensschäden ausgeschlossen.

Bildnachweis

Umschlagfoto: Klaus Arras, Köln
Fotos: zefa/Benelux S.6; alle übrigen: becel

Impressum

IMPRESSUM

Die Deutsche Bibliothek - CIP-Einheitsaufnahme
Ein Titeldatensatz für diese Publikation ist bei Der Deutschen Bibliothek erhältlich.

Midena Verlag, München

Projektleitung: Dr. Silke Bromm
Redaktion: Annette Barth
Herstellung: Ina Hochbach
Bildredaktion: Doris Huber
Umschlagkonzeption: Kontrapunkt, Kopenhagen
Innenlayout: Peter Engel, Grünwald
Satz: satz-studio gmbh, Bäumenheim
Printed in Italy

ISBN 3-310-00744-8